Romancière et nouvelliste, Geneviève Brisac a publié plusieurs récits (*Une année avec mon père*, 2010 ; *Vie de ma voisine*, 2017), des chroniques (*Moi, j'attends de voir passer un pingouin*, 2013 ; *Mes mots sauvages*, 2018) et de nombreux essais littéraires relatifs à l'invisibilité des femmes, consacrés notamment à Virginia Woolf (avec Agnès Desarthe), Flannery O'Connor, Karen Blixen, Alice Munro. Elle écrit également pour le cinéma (avec Christophe Honoré), pour le théâtre (avec Florence Seyvos et Alice Butaud), et pour la radio. *Week-end de chasse à la mère* a reçu le prix Femina 1996. *Une année avec mon père* a reçu le prix des Éditeurs en 2010.

Geneviève Brisac

UNE ANNÉE AVEC MON PÈRE

Édition de l'Olivier

ISBN 978-2-7578-9407-1

Dans toute parole donnée, dans toute parole reçue, dans chaque geste et la moindre pensée, dans tout fragment, même bref et aléatoire, de notre vie et de celle d'autrui, il y a quelque chose de précaire et quelque chose d'inéluctable, quelque chose de caduc et quelque chose d'indestructible.

Marisa MADIERI

L'automne

Quelque chose éclaire son visage, Hélène s'assoit sur le rebord du lit, elle reste ainsi longtemps, la vie est une sorte de piscine dans laquelle elle hésite chaque matin à se jeter, la vie est froide.

Elle ne touche pas au pain. Elle laisse le café. Elle allume une gauloise et je recule.

Maman, s'il te plaît.

J'ai fait un rêve, dit-elle. Une cathédrale romane et lumineuse. Une banderole rouge et noire la balafrait. On y lisait : « Vive l'Anarchie. »

Quel beau rêve, dis-je, admirative.

Quinze jours plus tard, le rideau du théâtre tombe. Le rideau pourpre.

*

De cette histoire, le téléphone est le héros. Il ponctue nos vies, les rythme et les piège.

Le téléphone sonne. C'est le samedi 8 septembre 2007 et il est un peu plus de dix-sept heures. Maudits s.

Pour qui sont ces serpents qui sifflent sur vos têtes, disait maman à chaque occasion ; j'aime le mot *maudit*, comme dans « Maudit sois-tu carillonneur, toi qui naquis pour mon malheur », que nous chantions autrefois. Il me console, comme nous tous, il me fait rire aussi.

Je ne réponds pas au carillon. Il faut que j'aille acheter des verres, il n'y a plus de verres dans cette maison. Ils sont tous cassés, ébréchés et fendus, et ce soir il y aura du monde à la maison.

La sonnerie oblige à répondre.

L'officier de gendarmerie, dois-je dire le capitaine de gendarmerie, articule parfaitement.

Vos parents ont eu un accident.

Il est dix-sept heures passées de quelques minutes.

Comme chaque samedi vers seize heures vingt, ma mère et mon père ont, en poussant force soupirs exaspérés, mis dans le coffre de leur voiture un sac en toile, une serviette bourrée de journaux et de paperasses, un panier de provisions, une petite valise, deux cannes, en particulier la canne rouge, et peut-être celle qui se nomme Anatole, une veste en daim pleine de trous de cigarettes, un blouson de cuir.

Je suis passée par hasard près de chez eux un samedi à seize heures vingt, il y a quelques années, et les ai vus tous deux franchir la lourde porte et charger la voiture. Il lui tenait la portière, elle allumait sa gauloise, il me semble qu'ils se chipotaient, mais de loin on n'entend plus rien.

Cette image m'a serré le cœur et donné l'envie ridicule de courir vers eux. Je suis restée tapie derrière ma colonne.

Votre mère est morte.

Il y a une autre voiture.

Une autre voiture a poussé la petite voiture à la tôle fragile et une petite personne de quatre-vingt-deux ans, pffuit, a tiré sa révérence.

Ce n'est pas de cela que je veux parler.

Je suis obligée de rappeler ces faits.

Sans papiers, sans même de sac à main, légère comme un fétu, ma mère s'est évanouie dans l'espace de la manière la plus aristocratique, la plus spectaculaire et violente et banale qui soit. Adieu la petite carcasse qu'elle détestait depuis longtemps.

Mais je n'y étais pas, je me préparais à acheter des verres, j'avais oublié de m'inquiéter, oublié précisément, en ce jour de fête, de m'inquiéter pour eux, mes parents si résolus à n'en faire qu'à leur tête, en tout lieu en tout temps, et pourquoi non, et moi j'étais au bout du fil, quelques minutes après et définitivement trop tard. De l'autre côté.

Qu'est-ce qu'on fait à ce moment-là ? me suis-je dit, en tournant la tête dans l'espoir d'apercevoir le souffleur. On ne répète pas, on joue.

Venez.

À ma gauche ma mère morte, allongée quelque part.

À ma droite mon père vivant, allongé quelque part.

*

La nuit est tombée, nous partons.

Cinq personnes, donc. Qu'il ne sert à rien de nommer, puisque à nouveau ce n'est pas du tout le sujet.

Nous dans la voiture, avec cette banale et stupéfiante impression de bascule. Dans la nuit noire, éclairée régulièrement par les lampadaires de l'autoroute qui fabriquent un hachis d'ombres, quelqu'un murmure, brisant l'épais silence : Il va bien falloir lui dire.

Cela me paraît inconvenant. C'est à cela que l'on peut penser, me dis-je, bien sûr, c'est à cela que l'on peut penser, et je comprends qu'en cet instant je ne pense absolument à rien.

Déjà, nous apprenons à ne prononcer aucun mot, comme s'ils étaient contaminés par la brutalité, l'indécence des faits. Tout mot risque de blesser. L'obscénité menace à chaque seconde. Des paquets de nerfs, des paquets de panique inavouée, nos visages stricts, nos bouches scellées. Pas de sueur. Et nos mains ne tremblent pas encore. Rien. Impassibles et idiots, nous montons les marches d'un toboggan bizarre et inconnu.

J'imagine le pire, le pire ne ressemble en rien à ce que j'imagine.

*

Les urgences de l'hôpital Marc Jacquet de Melun, 2 rue Fréteau de Pény, ont, comme n'importe quel hall de n'importe quel établissement public de soins, du linoléum au sol, et des bâches grises, des rideaux barbares qui cachent l'innommable, l'autre côté. Une machine à café, des sièges en plastique blanc pour nous. À droite, je crois, l'accueil. Une femme ou un homme dit :

Attendez. On viendra vous chercher.

Son hygiaphone pour se défendre de notre humanité pénible.

Je crois déceler une once de compassion. Nous nous asseyons, moutons, braves moutons, ce n'est pas la dernière fois. Il ne faut pas indisposer le personnel. Et puis la république nous habite, nous avons le goût de ne pas tenter d'enfreindre les règles. Nous savons attendre notre tour, les hommes sont égaux dans la peine. Agneaux démocratiques.

J'écris cela, mais c'est faux.

C'est ainsi que l'on agit dans ma famille, et c'est ce que l'on m'a appris. Mais je n'y crois plus. J'aimerais y croire, mais je n'y crois plus. C'est une morale désuète, entrée en désaffection. Une morale républicaine bafouée, transformée en outil du maintien de l'ordre. Il faudrait franchir la large ligne blanche peinte au sol, exiger des réponses, tout casser, hurler, être pénible, ne pas laisser seul l'homme blessé qui tremble de froid et de douleur quelque part derrière la bâche grise des urgences où sont inscrites les phrases : ne pas passer, ne pas passer, ne pas passer, interdit au public, pauvres mots, oui, faibles ô combien, du maintien de l'ordre.

Mais nous obéissons. Citoyens de cette république hospitalière. Sans armes. Comme nous obéissons, même au seuil de la mort, quand il n'y a vraiment plus rien à perdre.

Je ne le ferais plus aujourd'hui.

*

Vous pouvez maintenant approcher, dit l'interne, qui est encore un enfant.

Nous sommes passés de l'autre côté du rideau. Sur une civière il y a mon père, faites attention, dit le jeune docteur, il a subi un choc et toutes ses côtes sont cassées. Sa tête emmaillotée comme Guillaume Apollinaire. Des petites pinces au bout des doigts, la perfusion, les fils, les tuyaux.

Je ne me souviens que de ma joie de voir ses yeux ouverts. Il y a son visage bizarrement rajeuni. (Une lumière autour de lui.)

Il est au courant, dit le docteur. Il a demandé qu'on lui dise tout, et nous lui avons tout dit.

(Vous lui avez donc dit ceci : Votre femme est morte.)

Nous ne posons aucune question.

On va le transporter dès qu'il y aura un lit, on va le transporter à l'étage, dit le médecin. Éviter que le poumon soit à nouveau perforé, dit le médecin. Éviter l'infection, dit le médecin. Éviter de nouveaux pneumothorax, dit le médecin. En soins intensifs, dit le médecin. On sera vite fixés, dit le médecin. À demain, dit-il.

Je suis penchée vers mon père. Il sourit comme s'il avait à peine vingt ans, il a vingt ans vraiment ou à peine, pendant un court moment, le choc l'a ramené en arrière, ou bien est-ce le temps qui n'existe pas. Son être de combat le plus profond, le résistant de dix-sept ans, je les vois pour la première et la dernière fois.

Je suis penchée vers mon père. Il dit : Dans le tiroir gauche de mon bureau tu trouveras une chemise.

Il dit : Tu trouveras ce qu'il faut faire, vous saurez ce qu'il faut faire.

Et je me surprends à remarquer qu'il a retrouvé une voix. Cela faisait des mois qu'il parlait presque sans voix. Je crois, comme une imbécile, à une résurrection. Comme une imbécile je me prends à espérer. (Je me sens envahie d'une énergie immense.)

Laissez-le se reposer, dit le très jeune docteur, demain vous reviendrez.

Ensuite nous sommes convoqués par la police, nous sommes devant les gendarmes aux hautes bottes noires, aux gestes sanglés, devant les médecins du SAMU dans la lumière jaune des établissements de soins la nuit tombée et même le jour.

Nous relisons les constats. Nous sommes passés sous le règne des documents. Signez ici. Oui. En trois exemplaires.

La forme impérieuse et obscure de l'enregistrement des faits.

On se plie, on se courbe.

*

Le lendemain, aux urgences de l'hôpital Marc Jacquet de Melun, j'apporte un tas de choses inutiles. Comment les nommer autrement qu'emplâtres sur une jambe de bois, ces tissus d'éponge, ces tubes de crème, cette mousse et ce blaireau, ces flacons d'eau de Cologne, et ces lotions, et ces mouchoirs. La douceur est impossible.

Papa dit : J'ai eu largement le temps de penser cette nuit. J'ai repassé mille fois tout cela dans ma tête. Tâchez de savoir ce qui s'est passé, ce qui s'est exactement passé.

Son visage se couvre de douleur. De la cendre.

Ce qui s'est passé.

Quel geste, quel faux mouvement, quel mouvement non pas faux mais mortel, qui a fait quoi, d'où venait l'autre voiture, ils n'ont rien, nous ne savons rien de plus, la trajectoire, le tonneau, plusieurs tonneaux madame, un choc effroyable, par-dessus la rambarde de l'autoroute, et a-t-elle souffert, maman est morte sur le coup, est-elle morte sur le coup, est-elle… ?

Moi je sais qu'elle a filé, qu'elle a profité de l'occasion. La sortie.

Son visage est si calme là-bas, au funérarium de la rue Pierre-Brun, si serein, tout de suite tranquille, mission accomplie. Même pas de mission, en vérité, la mission ce n'était pas sa tasse de thé, une occasion rêvée de ne pas continuer cette mascarade qui lui déplaisait souverainement. Mais peut-être est-ce trop commode, nous nous racontons ce que nous voulons entendre avec une telle facilité.

Allongé, sans pouvoir bouger aucun membre, et le visage crispé, sans pouvoir même tourner le regard, il dit : J'ai eu plus que le temps d'y penser cette nuit, j'y ai pensé la nuit entière, voici ce qu'il faut faire. Maman aurait sûrement aimé une cérémonie orthodoxe. C'est cela, une cérémonie à la cathédrale de la rue Daru. Je me souviens qu'il y a une place au cimetière des Batignolles, où sont enterrés ses parents. Faites pour le mieux, faites le nécessaire.

Il dit maman, toujours maman, jamais votre mère, ni ma femme, ni Hélène. Maman. Comme il disait pour sa mère ou comme si j'étais une enfant.

Et il y a dans ces deux syllabes une étrange convention, toute son idée de la famille est là.

Maman ne prononçait jamais ces syllabes : Papa. Papa, je n'imagine pas ces syllabes dans sa bouche. Elle a dû les dire pourtant, bien avant.

Elle ne parlait jamais de son père. Elle nommait son mari : votre père, ou ton père, ou Michel, ou bien encore Michka.

Il dit : Il faut que vous, il y a, derrière le bureau, et n'oubliez pas de, dans le tiroir du milieu, sous le buvard, les papiers de la concession perpétuelle, et rapportez-moi, sous les chemises, le dossier au fond du placard, vous verrez, dans le petit tiroir invisible, deux clés.

Comme dans les rêves, une petite clé et une grande clé, des trousseaux de clés qui n'ouvrent aucune serrure, des portes qui soudain coulissent, et derrière, quoi ?

Nous demandons : Tu as mal ? et nous avons honte de nos questions stupides.

*

Ce récit est une route qui monte, un chemin enneigé dans un village mort.

Nous parcourons docilement les forêts de Seine-et-Marne qui roussissent à peine, de la morgue à l'hôpital, de l'hôpital au centre départemental de la gendarmerie nationale, du centre départemental de la gendarmerie nationale à la mairie d'Échouboulains toute proche de Pamfou, le village au nom improbable. (Et qui déclenche automatiquement un éclat de rire chez les personnes non prévenues.)

Nous évitons la sortie d'Échouboulains, mais nous ne l'évitons pas toujours, car nous nous égarons souvent dans la forêt.

Le troisième jour, il y a encore des corbeaux rassemblés dans un tournant. Sept corbeaux bruyants lapent une mare rouge. Je ne l'ai jamais dite, cette flaque de sang durci que personne n'a songé à laver, elle me fait honte, miserere.

Le chemin est terrible ; nous glissons, nous reculons à cause de la pente, nous sommes pliées en deux. Et autour de nous, presque rien d'humain.

J'ouvre au hasard un livre de Franz Kafka, je lis : Si tu traversais une plaine, si tu marchais pleine de bonne volonté et faisais malgré tout des pas à reculons, ce serait une chose désespérée ; mais comme tu es en train de grimper une pente raide, aussi raide peut-être que toi-même vue d'en bas, il se peut que les pas à reculons soient uniquement causés par la nature du relief et tu n'es pas obligée de désespérer.

*

La mairie d'Échouboulains ressemble à une petite mairie jouet, trop propre et un peu allemande, avec des bacs de géraniums et des volets rouges (je crois).

L'employée de mairie a ses horaires. Nous n'arrivons jamais au bon moment. Elle se déplace lourdement, avec hostilité, elle secoue sa tête ronde et ses cheveux courts. Elle ne nous regarde pas, mes deux sœurs et moi. Jamais elle n'a eu à faire de certificat de ce genre, décès accidentel sur le territoire de la commune, nous lui compliquons la vie. A-t-on idée de venir mourir sur la route d'ici. À midi elle ferme. Revenez demain.

L'employée municipale n'a pas de cœur. Elle n'a pas un regard pour trois femmes éplorées et tremblantes de fatigue, elle connaît ses droits, elle défend sa pause-déjeuner. Je pense un peu fort : Allez vous faire foutre ! Et ma sœur me reproche mon peu d'aménité.

J'aimerais pouvoir écrire ce récit à la manière des gens qui se souviennent de tout. J'aimerais avoir accès à la manière circonstanciée, aux faits, aux preuves, mais j'oublie, il ne me reste que des miettes. Une sensation de virage, une odeur de voiture et d'hôpital, une nausée permanente, une branche jaune, un panneau routier, une publicité pour Mobalpa à l'embranchement du funérarium. Tout se mêle. Le lit d'hôpital où s'agite faiblement papa et la morgue où repose le corps de maman. Parfois je ne sais plus bien qui est où, et pour faire quoi, et c'est risible, irréel et risible.

Je remplis un cahier de listes, listes de noms. Il faut prévenir, il faut réunir, il faut annoncer, il faut inscrire, il faut programmer, et il faut décider. Décider. Décider. Je fais des listes de choses à faire que j'ai apprises dans les livres, et dont je ne sais rien, sinon qu'on finit toujours par y arriver.

(D'où vient-il, ce pli du cahier, ce calme qui gagne au moment de noter ? Des lignes que nous faisions à l'école élémentaire ? Du mouvement de poignet, des ronds réguliers, des envols de pleins et de déliés ? Entre les lignes des voyelles et les lignes des consonnes, le monde s'ordonnait.)

Chaque jour nous allons à Melun. Et la semaine, comme une Semaine sainte à l'envers, une semaine damnée, avec ses jours marqués de pierres noires. La semaine défile dans un non-temps, dans un hors-temps, où plus rien n'existe que ces trajets, ces appels, ces listes, ces tâches.

*

Et au moment de partir pour la levée du corps de ma mère, pour laquelle j'ai choisi les vêtements les plus beaux, chemise blanche et pantalon noir, veste noire et foulard en soie (ce doit être le jeudi, peut-être, nous retardons les choses le plus possible dans l'espoir que notre père assistera aux obsèques, qu'il pourra être transporté, même allongé, il est tellement impensable qu'il ne puisse être là), au moment de partir pour la levée du corps, une sonnerie en rafale. Et personne de l'autre côté. Puis mon téléphone portable, qui ne me quittait plus depuis tous ces jours, s'éteint, et meurt. Je me mets à pleurer, je me jette sur le lit, j'enfouis ma tête sous les coussins, je sanglote, un animal apeuré.

(Tout s'écroule et je ne peux jaillir hors de mon cœur, disait M.)

*

Les téléphones portables ont peut-être, à côté de leur puce, une âme invisible, un cœur sensible, ou bien, comme certains chats rendus fous par leurs maîtres, absorbent-ils les émotions au point de se décharger de toute leur énergie au moment de certains chocs subis par leurs propriétaires. Après tout nous sommes, eux et nous, faits d'ondes électriques.

(Le vent qui souffle à travers la montagne m'a rendue folle.)

Je me souviens. C'était un soir de mai 2005. Mon père devait se faire opérer le cœur, rien d'inquiétant, disaient les docteurs, c'est la routine, un pontage, à cet âge. Vous verrez, le chirurgien est formidable.

L'hôpital est épatant, disent les imbéciles.

Cet hôpital en vérité ne méritait pas son nom.

Je suis arrivée dans cet endroit, je suis entrée dans la chambre minuscule où mon père attendait qu'on l'opérât.

Je me demande d'où viennent ces infirmières, m'a dit mon père, faible et souriant. Des harengères. Elles hurlent sans cesse. Jamais je n'ai été si mal traité, vraiment, jamais.

À cet instant une jeune femme est entrée. Elle a crié : On vous a dit de vous laver, ce vous sonnait comme un tutoiement. Vous mangerez quand vous serez propre. On t'a dit de te laver, sale petit vieux.

Tu vois, a murmuré mon père, je me demande d'où elle vient. Roumaine, ou polonaise peut-être. Ils nous détesteront toujours.

Comment puis-je me laver sans même un gant de toilette, avec, pour me sécher, ce bout de tissu ? a demandé poliment mon père.

J'ai regardé la serviette, un carré de tissu éponge mince et sec comme une feuille de papier de vingt centimètres de large. L'eau était froide ; le dîner qu'on apportait bien avant six heures était un brouet transparent et jaune qu'on lui jetait à la figure.

J'ai voulu aider mon père et j'ai tiré vers moi la table roulante déglinguée, l'assiette de soupe s'est renversée.

Mon dieu.

Le cœur me battait comme à la guerre. La soupe se répandait lentement sur le sol ; je ne voyais rien pour l'éponger, j'ai roulé en boule mon écharpe, j'essuie, je suis en nage, j'essuie, je suis tellement désolée, papa, je suis tellement désolée, je viens et j'ajoute encore au désordre, à la confusion, *tchto diélat*, que faire, je sors dans le couloir vide et verdâtre.

S'il vous plaît.

L'infirmière sadique n'était pas mécontente. Une fois de plus elle avait eu raison. (De quoi, c'est une autre histoire, elle avait raison d'être de mauvaise foi, et méchante, et de darder son regard méprisant sur ces petits vieux, sur leur disparition imminente et souhaitable, elle avait raison de serrer ses lèvres beiges, et de se boucher les narines, de ses jolis doigts griffus.)

La soupe est renversée, je l'ai renversée, ai-je dit, terrifiée à l'idée qu'il en soit fait reproche à mon père, leur otage, leur proie, leur victime.

Laissez, laissez, avait maugréé l'aide-soignante, une blonde au chignon platine avec des yeux verts fixes et féroces, une cagole cruelle et stupide, on passera quand on aura le temps, nous n'avons pas que cela à faire, figurez-vous, il n'y a pas que vous ici, et la soupe n'ira pas plus bas, elle a ri, et je n'ai pas oublié ce rire.

C'est bien mieux qu'il ne mange pas trop avant l'opération.

C'est bien mieux qu'il ne mange rien du tout.

J'ai fouiné dans les couloirs effrayants, j'ai rampé à l'intérieur de ce cobra, la clinique Ambroise Paré, à la recherche d'une serpillière. L'écharpe en laine trempée de soupe jaune, je l'ai déjà jetée dans un container près du poste des infirmières.

Dans un recoin, un balai et un seau, de l'eau savonneuse, je les ai traînés jusqu'à la chambre, je suis retournée dans la chambre. L'infirmière était revenue ; me croyant enfin partie, elle criait, et je n'ai pas oublié ces cris. Elle tutoyait soudain mon père.

Tu ne peux donc faire attention ? On n'a pas que cela à faire. Cette phrase lancinante, qui parcourt la Terre, les syllabes de la bêtise arrogante et haineuse.

NOUS N'AVONS PAS QUE CELA À FAIRE !

Lui, il s'était redressé, laissez-moi en paix. Depuis la guerre, jamais on ne m'a traité ainsi. Jamais. (Je pense au code des prisonniers de guerre, à ces règles périmées. Tous des civils, chair à canon. C'est la guerre, donc.)

Elle était sortie.

Je me demande où ils l'ont trouvée, avait dit mon père en souriant faiblement. Dans quelle Ukraine, dans quel régiment cosaque. Et où ils achètent ces minuscules serviettes de bain bleuâtres qui n'essuient rien.

Nous avions échangé un minuscule baiser, adieu, je m'en vais, j'avais honte de l'abandonner. Je m'en vais. C'est l'heure.

Tant de mauvais signes. J'avais le sentiment d'être au bord d'un précipice. N'y va pas, papa, s'il te plaît.

Sur la route nationale, sous la pluie, sur la ligne frontière entre Neuilly et Paris, j'ai empoigné mon téléphone portable pour me reconnecter au monde du dehors. J'ai frappé toutes ses touches, appuyé sur tous les interrupteurs. Rien. Pas une lueur. Pas un clic.

Il était mort.

*

Il faut le jeudi ramener le corps de notre mère au cimetière des Batignolles. Jamais je n'avais songé à ces transports bizarres. Transporter des corps est une activité courante et secrète, qui obéit à des règlements administratifs complexes, il y a des frontières invisibles, les pointillés du département, on ne peut pas si facilement mourir n'importe où pour se faire transporter n'importe comment, il faut être dûment enregistré, contrôlé, tamponné, vérifié, et les vivants doivent se présenter, avoir les papiers, payer. Nous découvrons la lune. L'astre des morts.

Je monte à l'avant du corbillard. Ce n'est pas une voiture noire, elle ne reluit pas et n'est pas tirée par des chevaux alezans qui piaffent. Ce n'est peut-être pas exactement un corbillard, car il s'agit d'une camionnette blanche et sale, anonyme et banale, mais assez grande pour y glisser un cercueil en bois blanc et scellé.

Le chauffeur file sur l'autoroute, à croire qu'il a un train à prendre. C'est un homme totalement demeuré, ainsi n'a-t-il aucune idée de ce qu'il fait. Trimballer des cadavres toute la sainte journée. Il conduit comme un fou, il déboîte et double sans un regard. Il va évidemment nous tuer. Il roule sans sirène et sans les signes extérieurs de la mort. Les chauffeurs des autres voitures ne peuvent savoir que nous sommes un convoi particulier, pas une ambulance, certes, nous ne sommes pas pressés, mais un convoi spécial, à quoi, me semble-t-il, s'attache du sacré.

Sur mes genoux je tiens un sac marron en tissu matelassé orné de fleurs rouges et grises. Un sac glacé. Il contient les élégants vêtements noirs et blancs dont j'avais voulu revêtir le minuscule corps de maman, sa peau si fine de grenouille de verre.

Ce sont d'autres habits qui ont été choisis, finalement.

Les habits noirs et blancs n'étaient peut-être pas si élégants.

Ou, me dis-je, pouvait-on craindre qu'ils n'aient pas été choisis avec assez d'amour. Ou trop. Mon amour discutable et discuté pour ma mère.

Je regrette de n'avoir rien dit. Car, en me souvenant du sac affreusement glacé de trop de nuits dans la salle réfrigérée où l'on garde les corps pour leur éviter les outrages, la honte me tenaille et une colère qui s'adresse à moi-même d'avoir été lâche, et d'avoir cru que je pouvais céder sans dommage. D'avoir reconnu, sans hésiter une seconde, et sans y croire non plus, que j'avais commis un faux geste, comme on fait un faux mouvement (au sens propre : un mouvement faux), je suis coupable avant même d'avoir été accusée. Coupable d'avoir décidé seule et sans concertation des vêtements de mort que porterait ma mère. (Mais j'étais au moment des faits tout à fait seule, monsieur le juge, très seule et sans concertation.)

Le sac brun que j'aimais tant me répugne, il est souillé. Je comprends soudain les règles d'impureté. Je cherche partout une décharge, un lieu pour l'y jeter, un feu pour le consumer.

Je lave cent fois mes mains, je me baigne, je lave mes cheveux.

Il m'est arrivé de repenser à ce pantalon noir, à cette chemise blanche. Mais pas souvent. Ce n'étaient que des vêtements.

*

Le médecin alsacien qui règne sur le service des urgences de l'hôpital Marc Jacquet de Melun est un honnête homme, un homme libre, et il vient fumer une pipe avec son malade pour lui annoncer qu'il est exclu qu'il sorte afin d'enterrer son épouse. Il n'en est pas question. Il n'en a jamais été question.

J'ai aimé cet homme franc et désespéré. Son service d'urgences lui ressemblait. Il disait en tirant sur sa pipe (non sans ricaner de ce crime contre la santé publique) que cela ne durerait pas, sa façon de faire, artisanale et anarchiste, préoccupée de chacun, et non de protocoles et de statistiques. Il disait que l'hôpital qu'il avait connu et aimé était en train de mourir. Et il était facile de le croire.

Nous lui avons confié notre père.

Nous avons rendez-vous à la cathédrale Saint-Alexandre-Nevski, avec le père Anatole, pour le service de messe orthodoxe le plus court, réservé aux mécréantes relatives. Toutes les trois, timides, embarrassées, immergées dans les odeurs d'encens, sous les coupoles dorées, au milieu des tapis rouges qui peluchent, de la poussière sainte et allergène, des chants des moines, dans la chaleur moite et sous le regard oblique des icônes.

Je ne peux savoir ce qu'en pensent mes sœurs. Un mur de chagrin nous sépare comme nous sépareraient des chutes d'eau. (Je pense à une image d'Alfred Hitchcock, l'héroïne est cachée sous les chutes, un abri, une grotte impensée. La peine ressemble à cela.)

Le père Anatole porte le même nom que la canne d'Hélène. Anatole est un nom féminin, qui signifie aurore, ce sont des syllabes qui évoquent la Grèce, la Turquie, la Syrie, et maman avait une tante Anatole. Toute coïncidence nous rassure.

Le père Anatole n'est pas libre. Les obligations d'un prélat orthodoxe de son rang sont nombreuses et le contraignent à courir aux quatre coins de France. Le père Anselme le remplace, et nous sommes déçues, cela se voit. Pourtant le père Anselme est un vrai professionnel, un pope de bande dessinée, large et sage, et posé, viril, un peu vaniteux aussi, et légitimement agacé par nos exigences.

Nous voulons parler de nos âmes, il nous montre les tarifs. Une heure et quart de chants, quatre voix, service simple. Bénédiction en sus.

Nous parlons de notre père là-bas, à Melun. Absent aux obsèques de celle avec qui il a partagé cinquante-six bonnes et mauvaises années. Ô injustice, dis-je, et je pleure sans comprendre quoi. Et peut-être qu'il s'en fiche. Que savons-nous de ces choses, une suite de faux-semblants, même au plus près, même au plus juste, la bave des convenances, des préjugés, des fautes de goût. Les erreurs qui nous font tant souffrir.

Au père Anselme nous demandons le droit de filmer la cérémonie. Il hausse les sourcils, il hausse les épaules. Il grommelle en russe. Coyotes impies et profanes que nous sommes. Renardes maléfiques. Que ne faut-il pas supporter pour payer son encens.

Et nous considérons qu'il a accédé à notre demande. Nous ne savons pas ce que nous faisons. Quelque chose de beau, de fidèle à qui nous sommes, une éruption de piété moderne et grotesque, ou simplement presque rien. Un dvd.

*

Dans la cathédrale de l'Anarchie, la nef s'emplit lentement. Nous accueillons, raides et flageolantes, fantômes de nous-mêmes, des gens que nous serrons dans nos bras sans souvent les reconnaître. J'aimerais que la foule déborde dans la rue Daru, j'aimerais, vois-tu, que ces chants soient inoubliables.

Les fleurs entourent le cercueil. Comme elles sont laides toutes ces couronnes. Impossible de retrouver dans ce merdier de lys, de magnolias, de chrysanthèmes précoces et d'iris empesés comme des manchettes, suffoqués de papier cristal, étouffés sous les rubans, un simple bouquet d'hortensias et de bruyère.

Le gravier crisse sous les chaussures noires de ceux qui sont venus, ceux que le téléphone a réveillés et choqués, ceux que des amis d'amis ont alertés, ceux, peu nombreux, qui lisent encore les pages du carnet des journaux.

Que de visages fermés. Le soleil frappe durement.

Jamais cathédrale russe et orthodoxe, avec ou sans archimandrite, ne reçut en son sein autant de Juifs venus anciennement de Pologne, d'Allemagne, de Roumanie ou de Hongrie, et peu certains d'être ici à leur place, autant de jeunes filles intimidées, jamais il n'y eut dans cette enceinte autant de Bretons mécréants fourrant dans leur poche le cierge distribué à chaque fidèle, le cierge vacillant dans son rond de carton, le cierge qui matérialise notre petite âme, *douchka*, *douchenka*, de Bretons enfournant dans leur poche le cierge à peine éteint et filant comme des voleurs, de peur d'être surpris. Jamais cathédrale orthodoxe et russe n'accueillit autant d'experts judiciaires, d'écrivains pour enfants, d'experts près la Cour de cassation, de sociétaires de la SACD et de la

SGDL, d'avocats, de militants de gauche, d'ingénieurs positivistes d'origine juive, de polytechniciens habitués à assister impassibles aux rites des paroisses catholiques, à user les vieilles marches des églises Saint-Thomas-d'Aquin, Saint-Ferdinand-des-Ternes, Notre-Dame-d'Auteuil, ou Saint-Honoré-d'Eylau. Les images en témoignent, puisque le film existe.

La cathédrale de l'Anarchie est un instant sortie de l'eau pour Hélène qui aimait les choses différentes, les trèfles à quatre feuilles, et parler aux cailloux. Le pope Anselme agite son encensoir, notre servante Héléna, psalmodie le pope Anselme, nous t'accompagnons, il chante, le chœur chante, les répons sont faibles, seuls les amis géorgiens et russes sans qui nous n'aurions pu nous rassembler ici connaissent les gestes et les paroles.

Debout sur un tabouret, Dante filme. Le filmeur est un témoin et un voleur, comme l'écrivain. Il éternise les visages, il cadre de près les visages intenses, les regards qui se perdent, les lèvres qui tremblent, les fronts hauts, les mâchoires lasses, la noblesse collective de ce moment que la caméra scrute de son œil objectif, puisque Dante ne connaît pas les individus qu'il magnifie pour Michel qui ne peut assister aux obsèques de son épouse Hélène.

Pour Michel qui, les mâchoires serrées, humilié au-delà de ce que nous pouvons imaginer, est allongé sur son lit, là-bas à Melun, et veillé par son frère Alain.

Le film a une beauté mystérieuse.

Jamais Michel n'a vu ces images. L'écran est trop petit, a-t-il dit, et tout est sombre.

Je ne reconnais personne, a-t-il dit. Ce sont mes yeux sans doute.

Je cherche mes petites-filles, a-t-il dit, et je ne les vois pas. Où sont-elles ?

Il n'avait pas ce désir, il aurait pu l'avoir, ou peut-être était-ce autre chose, la forme que prenait son impossible présence, sa torturante absence, ce jour-là ; on ne sait pas d'avance ce que veulent les gens, même ceux que l'on aime le plus.

Dante est venu au cimetière des Batignolles avec sa caméra vidéo. Peut-on filmer une mise en terre ? Ses images remplacent ma mémoire.

Les marrons tombaient ploc ploc ploc.

*

Notre Amérique n'est jamais l'Amérique. Notre impatience a ce visage d'un inaccessible havre.

L'impatience, mon tourment, ce péché mortel. L'impatience me taraude dans l'autobus 91 qui roule vers la gare de Lyon, et dans le train qui mène à l'hôpital Marc Jacquet de Melun.

L'impatience me torture encore dans la navette qui circule entre la gare et l'hôpital et que j'ai prise dans le mauvais sens vers la zone industrielle. L'impatience me coupe le souffle dans la côte qui mène à l'entrée des urgences, et des soins intensifs.

On sera toujours assez vite arrivé, le terminus tout le monde le connaît, ces immondes dictons qui tout au long de ma vie m'ont été serinés, déversés dans les oreilles, martelés des centaines de fois pour me calmer, ralentir mon pas ou mon inquiétude ou mes pensées, ces dictons infects glissent sur mes plumes de canard.

Plus que l'inquiétude, plus que la douleur, plus que les tracas et la fatigue, l'impatience me tourmente, une impuissance crispée devant le désordre et le chaos et la lenteur, la lenteur. La lenteur à sentir, à réagir, à agir, qui sûrement nous tue.

Il va mieux, pourtant, dit le médecin qui est un sage, quelle bonne carcasse, dit le médecin alsacien que j'adore, nous pouvons le garder ou, si vous le souhaitez, lui permettre de rejoindre un autre territoire hospitalier. Plus près.

Nous ramassons le sac d'affaires, le pyjama qui n'a jamais servi, la mousse à raser inutile, les serviettes-éponges, le dentifrice Kontrol, l'eau de Cologne Jean Marie Farina, et cette odeur agit sans que j'y prenne garde et je pense à la valise noire et aux cartables marron que nous ont remis les gendarmes, au petit baise-en-ville en cuir noir usé, dont papa ne se départait jamais, qu'il nommait mes poches, et qui débordait éternellement. Je les ai installés comme des invités sur le canapé noir à la maison. Je les évite désormais autant que je le puis car j'ai l'impression, quand je les ouvre, de libérer l'instant comprimé de l'accident et, en même temps, de libérer la nostalgie d'un temps où il n'y aurait pas eu d'accident, un temps où les exemplaires de la semaine du *Monde*, de la *Gazette du Palais*, du *Nouvel Observateur*, cette trousse de toilette, le pantalon de velours à grosses côtes marron, le bloc Rhodia, les papiers couverts de notes incompréhensibles, les publicités pour les volets roulants et les assurances vie, (ou bien était-il vert amande ce pantalon), auraient continué leur chemin jusqu'au fauteuil près de la cheminée de leur maison de campagne près de Pamfou (ce nom dément) comme toujours.

Signons quelques papiers, merci de passer à la comptabilité, aux entrées, aux sorties, toujours le même bureau dans le monde entier, un large rectangle sur quatre pieds de métal, couvert de parapheurs, de classeurs à levier standard, de trieuses, de dossiers roses et bleus, toujours les mêmes personnes sans regard, qui tamponnent et tamponnent encore, remplissent d'une grosse écriture des lignes presque invisibles, et tendent les formulaires que je signe en ne les lisant jamais (quelle erreur, quelle erreur !).

Le brancard se coince dans le tournant. Éviter les chocs à une personne dont toutes les côtes sont brisées, les ambulanciers n'ont pas que cela à faire. D'ailleurs ils ne sentent rien. Et l'homme blessé a les yeux fermés. De légers grognements d'ours, des grincements sortent peut-être de sa couche, mais est-ce bien sûr ? Sa tête blême et ses cheveux hérissés dépassent à peine du drap.

L'ambulance roule sur l'autoroute ; nous l'avons attendue des heures, et maintenant elle fonce, elle déboîte, elle double, pas de sirène néanmoins, nous ne sommes pas pressés à ce point.

Assise sur une banquette minuscule, dans la pénombre, tétanisée d'angoisse, j'essaie d'amortir les cahots. Le visage de mon père a changé.

Il vieillit de seconde en seconde, tant la souffrance est intolérable.

Je suis convaincue qu'il sera mort en arrivant, et je serre sa main, le dérangeant peut-être, je serre sa main avec force, j'ajuste l'embout d'oxygène qui lui accroche l'œil au lieu d'être fixé aux narines.

Dans la clinique campée sur la colline d'Issy-les-Moulineaux, une chambre devrait l'attendre, une chambre pour une personne en soins intensifs (précisément : au deuxième étage, nous a-t-on dit parce que nous nous inquiétions).

Mais il n'y a pas de chambre disponible. Qui vous a parlé d'une telle éventualité ?

Nous sommes là, un faible souffle de vie traverse le corps meurtri d'un homme accidenté, martyrisé par la traversée de Paris d'est en ouest, à la recherche d'un havre.

Je vous en prie, il n'y a pas que vous qui, et cætera.

Non. Ils ne se sont pas bien compris, entre Melun et Issy, entre là-bas et ici, le médecin à qui vous avez peut-être parlé, oui, cet homme qui semblait accueillant n'est pas là, le médecin qui est de garde est de mauvaise humeur, on ne l'a pas mis au courant, à qui avez-vous donc parlé ? D'ailleurs était-ce un médecin ?

Comment le saurais-je ?

Le brancard reste dans le couloir.

Doit-il vraiment rester dans ce hall ? dis-je.

Où est sa chambre ? dis-je.

La chambre est réservée, dis-je, désespérée, comme si nous venions de nous jeter dans la gueule d'un loup.

À qui avez-vous parlé ? Avez-vous des preuves, des documents, des noms ? Quelles preuves avons-nous, pourquoi accepterions-nous ?

J'essaie vaguement de rester aimable.

Le médecin de garde aimerait bien qu'on évite de lui forcer la main, ça le met en rogne, ces abus constants, ces malades qui tirent sur la corde, c'est vraiment trop facile, on s'amène, la bouche en cœur, et à moitié dans le coma, en ambulance, c'est presque du terrorisme. Il est exaspéré, et conscient, comme je le suis aussi, qu'il va falloir garder ce malade, ce malade mal parti – cette manie qu'ils ont de venir mourir ici, comment les en empêcher ? (ce malade qui est un patient de ville du docteur Vatrella, le patron de la clinique) – maintenant qu'il est là.

Papiers, prise en charge, carte Vitale, certificat de sortie.

Vous venez bien de Melun, vous arrivez de l'hôpital Marc Jacquet de Melun ?

Oui.

Ils vous ont nécessairement donné un certificat de sortie, un papier, vous comprenez, sinon cela signifie que vous avez quitté l'hôpital sans autorisation. Cela signifie que vous êtes des hors-la-loi.

Un hors-la-loi agonisant gît sous les yeux soupçonneux du personnel dit soignant.

Mais nous avons téléphoné, les médecins se sont téléphoné, nous sommes venus dans l'ambulance de Melun. Vous l'avez vue arriver. L'ambulance de l'hôpital. Vous avez parlé avec l'ambulancier.

Ce n'est pas la question. Donc vous n'en avez pas ?

Nous n'en avons pas.

(Je vois dans vos yeux que vous mentez impudemment.)

C'est impossible, vous n'avez pas pu sortir de Melun sans certificat. Matériellement. Vous ne pouvez pas être là.

Mais puisque nous sommes là…

Il faudra l'apporter, sinon le dossier sera bloqué.

Vous allez le laisser longtemps dans le couloir ?

Ne vous en faites donc pas, madame, nous savons parfaitement ce que nous avons à faire.

Chaque fois qu'ils disent madame, cela ressemble à un petit crachat.

Il faut payer un acompte. Prix de journée. Vous avez la mutuelle ? Les barèmes. Le ticket. Modérateur. Vous savez où il est ? Chaque question est une décharge électrique, et mon cœur rétrécit et durcit. Prise en charge, cent pour cent, qui a inventé cette langue ? Et où s'apprend-elle ? Mais d'où tu sors ?

Tout le monde sait cela, tout le monde est au courant, c'est la vie, cela s'apprend sur le tas. Un tas qui a un goût infect de carton mâché, de Septotal, d'air conditionné, de Bétadine, de Mercryl, un universel plastifié, recouvert régulièrement de peinture verte. Et décoré de machines à café.

*

Le docteur Vatrella est très occupé.

On ne peut même pas savoir où est son bureau.

Il n'aime pas beaucoup qu'on le dérange. Il déteste cela.

C'est lui qui décide de son agenda. Pas les malades. Pas les familles des malades, ces hystériques. Il n'est pas du genre à se faire dévorer par son métier.

Il sait parfaitement ce qu'il a à faire. Une carrière. Les gens meurent (ou s'en vont), la carrière continue.

Il a énormément de responsabilités.

Il passera, dit l'infirmière avec déférence, il passera dans la journée, ou demain. Ou quand il en aura décidé ainsi. Pourriez-vous ne pas encombrer le couloir ?

Nous aimerions le voir. Nous aimerions lui parler.

Quelle exigence. Pour qui vous prenez-vous ? Il est extrêmement pris. Il consulte à son cabinet, il prépare un colloque. Il parcourt le monde.

Ces informations nous sont données par des voix pénétrées de l'importance de leur patron et employeur. Le docteur Vatrella est un autre nom de Dieu.

Un médecin de taille moyenne, d'âge moyen, les cheveux courts et l'air déterminé sort de l'ascenseur. La blouse ouverte sur sa cravate, l'œil sec et bleu-vert derrière ses lunettes. La bouche fine et l'allure pressée.

Ne seriez-vous pas par hasard le docteur Vatrella ? dis-je en tirant sur sa blouse, et lui barrant carrément le chemin. Nous vous cherchons partout.

Il est horrifié.

Qui êtes-vous, madame ?

Ce madame tellement désobligeant, et sans équivalent dans notre langue, ces deux syllabes et demie signifient : quelle sorte de créature non repérée scientifiquement ni bureaucratiquement et par conséquent sans réalité recevable a envahi mon si paisible territoire, mon domaine si bien huilé uniformément vert amande ? Qui trouble mon air à la senteur de Javel ?

J'éprouve vivement la sensation du cafard juste avant d'être écrasé. De la fourmi rouge une fraction de seconde avant la vaporisation. De la coccinelle chinoise. Du puceron de rosier.

Je balbutie, il en profite, me sermonne, reprend le dessus. Me toise. Me scanne. Je ne peux éviter de sentir que je ne suis pas son genre de beauté. Je rougis de rage et de honte.

Je vais passer, j'en avais évidemment l'intention, lâche-t-il avec lassitude et mépris.

Je découvrirai plus tard, errant une fois de plus à sa recherche, et découvrant sa plaque sur une porte du cinquième étage, loin des mortels en train de mourir, qu'aux filles de ses patients il préfère les visiteuses médicales qui font le siège de son bureau pour lui fourguer, c'est leur job, leurs marchandises. Il faut bien se tenir au courant.

Enfin un lit. Dans une très petite chambre. La fenêtre haute donne sur le flanc de la colline. Sur la route qui monte.

Il gît. Très pâle, les mains glacées, les pieds jaunes, la peau couverte d'égratignures, les doigts rétractés, minuscule sous le faux drap de couleur indéterminée.

Je t'en supplie, tiens bon.

Son aura de combattant l'a quitté, il a tout à fait changé de visage. Nous posons ses sacs, rangeons le cabinet de toilette, nous lavons infiniment nos mains.

Et puis, assise sur un fauteuil en plastique à côté de lui, je tente comme une enfant de cinq ans de redonner à mon père exténué l'envie de continuer, j'essaie de partager avec lui un peu de force. J'essaie. En vain.

Je suis si fatiguée.

Le docteur Vatrella entre, le sourcil froncé et le visage sombre. Une feuille de données médicales à la main. Un acteur, me dis-je.

Tout cela est très mauvais, dit-il en fermant la porte.

Aucune chance, il n'a aucune chance. Vous n'avez aucune raison d'espérer. Fractures trop nombreuses. État général. Mauvais. Très mauvais. Et puis à quatre-vingt-sept ans.

Mais il n'a absolument pas quatre-vingt-sept ans, dis-je et j'en ai le souffle coupé, comme si je venais d'entendre énoncer une condamnation capitale. Il n'en a que quatre-vingts.

Le docteur Vatrella ne cille pas, il s'agace, reprend sa fiche.

Ah bon, vous êtes sûre ? Vous croyez vraiment ? Physiquement, il en a quatre-vingt-sept.

Je suis muette.

Très usé. Vous le savez aussi bien que moi.

Ce n'est pas ce que l'on nous a dit à Melun. Ils ont parlé d'une capacité exceptionnelle à remonter la pente. D'une énergie mentale magnifique. Ils nous ont parlé des miracles que peut accomplir une âme courageuse.

Il nous regarde avec condescendance.

Ils nous ont dit qu'il allait beaucoup mieux. Qu'il reprenait des forces, d'une manière splendide.

Il nous regarde avec le mépris que l'on réserve aux superstitieux, aux esprits faibles, aux avaleurs de fariboles.

Le voyage l'a affaibli, mais hier il allait bien.

Largement quatre-vingt-sept ans. C'est le dernier mot du docteur Vatrella qui concède (se souvenant peut-être qu'il parle de l'un de ses patients personnels, un malade qu'il soigne régulièrement depuis des années et qui avait toute confiance en lui, un malade qui prononçait son nom avec amitié : J'ai rendez-vous avec mon médecin interniste, le docteur Vatrella, un excellent médecin) :

Entourez-le. C'est tout ce qu'on peut faire. Vous avez des enfants ? C'est le plus important, faites-les venir. Ses petits-enfants. La jeunesse.

Elles viennent le voir, elles n'ont nul besoin de vos recommandations, elles sont venues dès le premier jour, à Melun. Il sait combien il peut s'appuyer sur elles.

Le professeur Vatrella n'a rien entendu.

Au revoir madame.

Au revoir madame.

Nous quittons la clinique épuisées, navrées, anéanties. La pluie s'est mise à tomber dru. Nous marchons, nous descendons la colline, la nuit est épaisse.

J'ai l'impression qu'il ne fait plus jamais jour, dis-je.

*

Métro. Chaque jour. Sortie : mairie d'Issy, les murs de la station sont couverts de photos de résistants en noir et blanc. Traverser ensuite la place, passer devant une brasserie aux murs rouges, et aux vitres sales, suivre un moment une rue commerçante et monter sur la colline, en longeant le parc Jean-Paul II. Dépasser les balançoires orange et rouges, s'asseoir près des cages à poules vertes et de la balustrade en bois tressé. Est-ce que mes sœurs font ces petites haltes ?

J'ai pris goût à cette promenade, l'air est doux en octobre. Les feuilles jaunissent et tourbillonnent, les enfants sortent de l'école, font rebondir leurs sacs à dos, mangent des gaufres épaisses et des pains au chocolat. Issy palpite d'une douceur un peu aseptisée.

Je lis un journal dans un café-charbons.

Est-ce que mes sœurs font ces petites haltes ?

Je pense à leurs pensées, solitaires, comme les miennes.

Je ne parle à personne. Je respire. Et j'éprouve un bonheur fugace chaque fois que je passe devant le ginkgo biloba dont j'arrache par superstition une feuille dorée. Une pièce d'or, dit la légende, qui porte bonheur.

Contrairement aux intuitions du docteur Vatrella qui nous a quittés pour un congrès dans les mers du Sud, notre père va mieux.

Ses côtes se ressoudent. Il s'impatiente. Il faut lui apporter son sacré sac noir, dit mes poches, et des cartables, le jaune, le noir, le bordeaux, le rouge, il a besoin de ses dossiers, de son téléphone, il est inquiet, les jours filent, il y a des choses à faire qui n'attendent pas. Je ne vois pas lesquelles mais il y en a énormément.

Il se remet dans le fleuve. Il retourne au travail comme si rien ne s'était passé.

Et les jours, et les jours, comme un tunnel, comme un tunnel avec une petite lumière trembleuse, très loin, mais où ?

La chambre se remplit de mallettes en cuir, de porte-documents. Sur l'armoire, les photos de ses trois petites-filles. Elles le contemplent. Byzantines et ashkénazes.

Nous bavardons.

S'il te plaît, chasse les importuns, dit-il. Dis-leur ce que tu veux, que je ne puis encore recevoir de visites. À l'exception de mes petites-filles, je ne veux voir personne. Tu sais, ces gens qui aiment faire des visites aux malades, je ne peux pas les supporter. Leur présence collante. Les casse-pieds. C'est gentil de leur part, on ne peut pas dire le contraire. Mais je n'en veux pas.

(S'ils ont envie de visiter une gueule cassée, de regarder sous le nez comment se porte un veuf aux os brisés trois semaines après la mort de sa femme qu'il a d'une certaine manière assassinée, car il est clair pour tout le monde qu'il vaudrait mieux cesser de conduire passé un certain âge, quand on devient un danger pour les autres, même si personne ne songerait à formuler une horreur pareille, eh bien, qu'ils aillent voir ailleurs.) Qu'ils cherchent ailleurs, c'est ce qu'il veut dire.

La pitié, plus jamais ça.

Il s'est donné assez de mal pour écarter de sa personne et des siens toute marque d'infamie de ce genre. Il s'est donné assez de mal pour se débarrasser de cette ombre portée, vous qui avez tant souffert à travers les siècles, vous qui, la guerre. Pauvres de vous. Persécutés, insultés, battus, haïs, chassés, assassinés.

Moi ? Pas du tout. Jamais. De quoi parlez-vous donc ? Rien à voir. Circulez.

Chasse-les.

On ne peut barrer la route à tout le monde. Surtout à cause des circonstances dramatiques. Le carnet de rendez-vous se remplit. La famille. La famille.

Et puis j'annonce une visite pour demain. Marcel Tréfilecq, expert.

D'accord, dit mon père. D'ailleurs j'ai un service à lui demander.

Monsieur l'expert pensait trouver son vieil ami bien affaibli par les malheurs qui ont fondu sur lui. Il avait préparé sa voix en conséquence, ces quelques notes qui font sentir que la compassion est de rigueur. Mais son hôte a demandé une chemise bleue et une veste, il s'est fait raser, et coiffer. A remis son dentier. Eau de Cologne. Pantoufles chic et chaussettes noires. Il se tient droit. Son énergie rassemblée pour avoir l'air absolument droit. Il a éparpillé quelques revues juridiques sur le lit.

Ah oui, l'article du Bâtonnier, je viens de le parcourir, très bien, très bien, se prépare-t-il à dire, avec son plus charmant sourire.

Il reçoit. Avec élégance.

Une allure, disent les cavaliers, qui efface les lignes, les plis des draps, les odeurs d'hôpital.

J'aimerais, mon cher Marcel, que tu me fasses rencontrer ta secrétaire, dit-il, je t'en serais très reconnaissant. Je vais avoir besoin d'elle pour mes dossiers.

Et Mme Charenton entre dans la vie de mon père.

*

Cela pourrait durer toujours. Enfin plus longtemps. Séances de la vie de bureau à l'hôpital. Le courrier tous les deux ou trois jours dans des sacs en plastique aux armes de nos librairies préférées. Les exemplaires du *Monde*, comme une prière.

Les conversations l'après-midi, qui languissent parfois.

Que deviennent les filles ?

Mais tu les as vues hier.

Oui. Tout le monde va bien.

Il s'inquiète quand même. Cette forme de sentiment dévoyée, l'inquiétude. Chez nous, on n'exprime ses émotions qu'à travers l'inquiétude ou l'agacement.

Comédienne, oui, c'est magnifique, mais ta fille ne pourrait-elle pas faire Sciences-Po en même temps ? Il me semble qu'elle serait tout à fait chez elle rue Saint-Guillaume. La sécurité. L'avenir.

J'apporte avec précaution les lettres de condoléances.

Des centaines, dis-je à mon père, il y en a des centaines.

Je n'aurais jamais cru cela, dit-il.

Je les ouvre, je les lis à haute voix. Si tu le souhaites.

Non, plus tard. Il a un geste agacé. Passe-moi plutôt le journal.

C'est bien, me dis-je, l'agacement c'est la vie.

C'est parce qu'il était faible qu'il était trop gentil.

Ou bien si, dis-moi les noms.

Mon père y voit très mal. Je ne m'en rends pas compte tout de suite, il le cache. Il fait semblant de lire, mais les lettres se mêlent, forment des hiéroglyphes.

Les lettres de condoléances sont une torture. Une fontaine au chagrin.

Cher ami, permettez-moi, en mon nom et en celui de ma chère épouse de vous, de nous, qui aurait pu, qui aurait su, qui aurait cru.

Cher camarade, ainsi elle nous a quittés, moi aussi j'ai perdu Christine, une terrible maladie, des circonstances, et je sais ce que vous, ce que nous, considérez, je suis votre bien dévoué.

Cher cousin, comment vous dire, quelle perte, nous savons bien, dieu a donné, il a repris, je vous souhaite un bien prompt…

Cher, mon bien cher confrère, toute la compagnie que je représente vous fait savoir combien nous sommes. Cher collègue, les avocats du barreau atterrés. Cher Michel, cela fait bien longtemps. Cher truc, ma famille et moi sommes.

Les mots comme de grosses boulettes de suif, du papier mâché. Du carton bouilli.

Il faudra répondre à toutes, dit mon père.

Je ne sais rien ou presque de tous ces correspondants. Ces mots sont pour moi sans visage.

J'examine les enveloppes pour me faire une idée des gens. Leurs écritures. Des insectes tous différents. Les longs jambages, les consonnes tremblées, les papiers recyclés, les vélins. Les stylos à plume grasse, les bics noirs. Des lettres tapées sur de vieilles Corona, pour cacher un tremblement, peut-être.

Nous nous connaissons si peu, mon père et moi. Nos vies n'ont presque aucune intersection, remarqué-je.

J'en trouve une qui me touche. Je commence à la lire. Mon père a soudain les larmes aux yeux. Il se crispe. Se ferme. J'arrête.

J'ai fait une bêtise, me dis-je.

Nous nous taisons.

Il me tend la main. Il a un hoquet angoissé. Puis il dit d'une voix presque mondaine, légère :

Heureusement que de temps en temps quelqu'un écrit quelque chose de sincère.

Mais il n'est pas certain que les condoléances conventionnelles ne soient pas plus faciles à supporter.

Rester dans le strict territoire de la raison, ne pas effleurer les zones sensibles. Éviter tout cela. Comme nous avons toujours évité avec le plus grand soin les contacts physiques. Un petit baiser sur le front. Ou un coin de mouchoir mouillé de salive pour nettoyer une écorchure.

Et nous trions les lettres, elles redeviennent du courrier ordinaire, des choses à faire, comme si rien ne s'était passé.

Les grands sacs en plastique font des voyages. Paris-Issy, Issy-Paris.

*

J'aimerais rentrer chez moi, dit-il.

Nous savions que cela allait arriver.

N'est-il pas plus raisonnable d'attendre encore un peu ?

Tu les aimes bien, désormais, ces aides-soignantes, ces infirmières, la doctoresse qui règne sur l'étage. Milena. Sandrine. Corinne. Marie-Françoise. Philippine. Et celles dont je ne sais pas du tout les noms et qui flirtent gentiment avec ce vieil homme aux grands yeux.

Comment lui dire que nous préférons qu'il reste là, on viendra tout le temps te voir, pas envie de trembler à nouveau jour et nuit, pas envie de lutter avec l'inquiétude quand, passant comme par hasard sous les fenêtres de son appartement, je les vois éteintes, ou bizarrement ouvertes, ou étrangement fermées.

Comment lui dire que je ne veux pas sans cesse revivre mon cauchemar.

Pas envie de passer des heures devant le téléphone à lutter contre le désir d'appeler pour demander si tout va bien.

Je me souviens de ce matin, l'an passé, où le téléphone a sonné.

Venez.

Le téléphone avait retenti tôt le matin. Je dormais encore. Des chiens m'entouraient, leurs gueules ouvertes, il faudrait les aider, avait dit quelqu'un. Je m'arrachai à mon cauchemar. Toujours les mêmes chiens avec leurs gueules tendues vers le ciel.

Je m'arrachai aux chiens, je sanglotai, j'avalai un café, j'enfilai mon manteau.

Dans la salle d'attente, une femme avec un bouquet.

La tempête se calme un peu, avait dit la femme aux fleurs. J'espère qu'il n'y a pas eu de coupure d'électricité à l'hôpital, ils opèrent ma sœur depuis sept heures. Elle s'appelle Vanessa.

Je me demande combien de fois encore je reverrai Nessa, avais-je murmuré.

J'avais eu la bouche sèche, et mon cœur avait battu en entendant ce prénom.

Pardon ? avait sursauté la femme.

Elle est où ? avais-je demandé.

Service du professeur Lerner, c'est le plus fort.

La voix de ma voisine s'était brisée sur ce beau nom de Lerner, Saül Lerner, on dit qu'il a des doigts d'or.

J'avais songé avec amertume que nous nous consolons facilement, et que les chirurgiens à qui nous confions le destin de nos proches, nous les nommons toujours, d'une manière tellement enfantine, le meilleur.

Lerner, avais-je répété, d'une voix incertaine.

Il m'était apparu que nous venions de lier nos destins. Elle m'avait offert deux fleurs. Deux roses jaunes.

Pour votre père, avait-elle précisé. Les hommes aiment les fleurs, plus qu'on ne le dit, et on ne leur en apporte jamais. Les chambres ici sont si tristes.

Abandonnés, nous le sommes vraiment, comme des enfants égarés dans la forêt, avais-je psalmodié à voix basse, comme une prière. Et j'avais écrit sur un bout de papier enfoui dans une poche : Quand vous êtes devant moi et que je vous regarde, que savez-vous de mes souffrances et que sais-je des vôtres ?

Mon père avait souri quand j'étais entrée. Un sourire d'une générosité totale. Un pauvre sourire tout de même.

Tu viens de rater le professeur Lerner, avait-il dit, un homme formidable, c'est lui qui va m'opérer.

Quand ?

Il n'avait même pas eu le temps de me répondre.

Deux infirmiers étaient entrés et l'emportaient déjà sur son lit à roulettes. Il avait continué de parler, je l'avais vu s'éloigner longtemps, le visage légèrement relevé pour parler à ces infirmiers qui ne l'écoutaient pas.

Écoute-t-on un paquet qu'on transporte ?

Il continuait la conversation de cette manière courtoise qui est la sienne.

J'avais mis les deux roses jaunes dans le verre à dents. Ensuite j'étais rentrée chez moi, et sans y penser j'avais mis en marche le répondeur. J'avais entendu sa voix cassée, et rauque, enregistrée pendant la nuit. J'avais compris qu'il m'avait appelée au secours. Et que le téléphone n'avait pas sonné.

Ma chérie, s'il te plaît, je crois que c'est le cœur, je ne peux plus bouger ma jambe, un temps long, des bruits innombrables, des bruits de choses qui tombent, le bruit d'un cendrier qui se casse, peut-être, une chaise, un verre, frottements, une bouteille renversée, des bruits obscurs et sans nom, le répondeur a tout enregistré comme dans les films policiers, bruits qui s'éternisent, la vie résiste, la bande de l'enregistreur défile, murmures insoutenables, comme si j'entendais après coup l'enregistrement d'une séance de torture, et puis les pompiers arrivent, bonjour monsieur, que se passe-t-il, ne bougez plus, attention la tête, soulevez votre bras, on va vous transporter, votre jambe, tout va bien se passer, alors vous êtes tout seul, ne bougez plus, on va bien s'occuper de vous.

C'est ce souvenir qui me revient, qui ne cesse de me harceler, maintenant qu'il va bien falloir respecter le désir de mon père. Un désir élémentaire. Rentrer chez lui.

Mais comment vas-tu faire ?

*

Le 18 octobre, dès le petit jour, mon père s'est assis sur son lit, sa valise à ses pieds. Il a l'air d'un enfant le dernier jour des vacances, ou d'un prisonnier qui connaît l'heure de sa libération. Il est une incarnation de l'attente.

Les cartables et les porte-documents sont alignés avec soin le long du mur.

Il a dit au revoir à toutes les soignantes. Il a signé son bon de sortie. Il a compté ses bagages, et lissé sur le couvre-lit jaune son imperméable mastic.

Ses bretelles rouges sont toutes tordues dans son dos, ses vêtements flottent. Un des lacets défait.

Il ne veut pas me faire attendre. Il veut me montrer combien il est autonome, comme disent les journaux et les prospectus. Un homme libre, qui a envie qu'on le laisse vivre en paix. Un homme. Pas un animal domestique. Ou un vieillard infantilisé.

Il sourit quand j'entre. On y va, dit-il. Et il prend son sac noir en bandoulière, vérifie les fils et le chargeur de son portable.

Nous claquons la porte de la chambre.

Telles deux tortues en migration nous poussons et tirons les lourds bagages dans l'ascenseur, et dans le taxi.

Sa joie n'a d'égale que mon anxiété.

C'est une journée longue.

Nous trébuchons. La porte cochère de l'immeuble reste fermée. Les clés n'ouvrent plus rien, nous cachons notre énervement, enfouissons nos mains dans les poches de nos vestes.

Essoufflés d'angoisse, nous entrons finalement dans l'appartement de mon père, qu'il a quitté le samedi 8 septembre à seize heures vingt, et où la veste rouge de maman est la première chose qui nous tombe dessus quand nous renversons, habiles comme des singes, le portemanteau, en poussant la porte pour tirer et faire rouler les bagages.

L'odeur d'hôpital se heurte à l'odeur de tabac froid. C'est le principe de la dépression, en climatologie, me semble-t-il, deux masses d'air de température et de nature différentes se rencontrent.

*

La semaine dernière, une diététicienne est venue, dit mon père. Une jeune femme aux joues rondes, normande sûrement. Elle m'a expliqué les règles de l'alimentation, et il ricane légèrement.

Tu vas être contente, dit-il en s'agitant un peu sur le canapé où il s'est assis, comme si nous n'avions jamais cessé de prendre le thé.

J'ouvre la fenêtre. Cette maison est presque sans air. Tout s'y est raréfié en quelques semaines. Tout est devenu poudreux.

Elle se prenait tellement au sérieux, elle m'a dit s'appeler Frédérique, je crois. Elle m'a donné un cahier imprimé, un catalogue des nourritures, en couleurs, on dirait un guide de tourisme bas de gamme, regarde les poireaux, les épinards, les choux. Comme si on atteignait mon âge sans en avoir jamais vu.

Les protéines, les lipides, les glucides, cela avait quelque chose de rafraîchissant, une sorte de cours de sciences naturelles pour élèves de quatrième.

Papa est blême, et sa voix faible, la bretelle rouge se tord dans son dos dévié par le choc, les fractures, il est assis sur une fesse, d'une manière incommode. Les bagages sont restés dans l'entrée.

Prenons un thé, a-t-il dit.

Et je suis allée faire chauffer de l'eau.

Nous nous faisons la conversation.

Nous sommes ce que nous mangeons, m'a solennellement déclaré cette jeune Normande, alors je lui ai parlé d'Héraclite. C'était bien Héraclite, non, celui qui a dit : On ne se baigne jamais deux fois dans le même fleuve, et… ? Elle a dû croire que c'était le nom de ma maladie.

Il rêvasse, laisse venir les phrases comme on s'appuie à un mur, comme on prend des prises sur un rocher.

Il faut manger pour vivre et non pas vivre pour manger.

Nous révisons nos classiques.

Je vois sur une étagère mon édition en cuir marron, deux volumes, le *Théâtre complet* de Molière, une clé pour la vie, *L'Avare*, où l'on trouvait cette maxime, qui n'avait pas grand-chose à y faire, selon moi, mais produisait un effet d'autant plus saisissant.

S'il faut se soucier de ce que l'on mange.

Papa grommelle maintenant, le visage ratatiné. Quelle civilisation imbécile. On ne pense plus, on pèse ses mots. On ne se nourrit plus, on mesure les protéines et les calories. Ce n'est plus vivre, cela, c'est survivre.

Une vie de petit vieux, dit-il, les coins de sa bouche tombent, une mimique qui ne veut pas de cela. Mais si j'en suis à ce point, alors je peux essayer d'être sage pour vous faire plaisir, dit-il, bravache. Pas de café, pas d'alcool, pas de pâté, pas de fromage, pas de sucreries, pas de viande rouge. Pas de tabac, pas de gratins, pas de sel, pas de gâteaux, pas de crème fraîche, pas de beurre, pas d'œufs.

Le whisky ? Non, pas de whisky.

Il hausse les épaules. Deux épaules si maigres.

Les médecins croient que l'on peut reprendre des forces en mangeant de la salade verte et du poisson bouilli.

Le thé est servi. C'est du vieux thé périmé des montagnes de Darjeeling. Nous en buvons des litres par égard l'un pour l'autre.

Je t'apporterai du thé vert au gingembre demain, dis-je, c'est très bon, très fortifiant.

Si tu veux, bien sûr. Apporte ce que tu veux.

(Comme je suis bête.)

Il faudrait que je m'en aille.

Comment vas-tu faire, ce soir ?

La question est sortie de mes lèvres.

Papa me regarde :

Faire quoi ?

Tu ne veux pas que je vide tes sacs, ta valise, que je te prépare un plateau pour dîner ?

Il serre les poings. Il serre les lèvres.

Tu ne dois pas t'en aller, tu n'as pas de travail ? Tu ne dois pas y aller ?

Si, bien sûr, je vais te laisser. Dis-moi juste.

Il chasse des mouches invisibles.

Tout va se passer normalement, ma grande. Je vais aller me coucher, je suis fatigué. Et demain, Acacia sera là, comme toujours, ne t'inquiète pas comme cela.

Je marche sur la place où le vent s'est levé, les feuilles de marronnier tourbillonnent. D'où viennent-elles ?

Je me retourne, je me suis promis de ne pas me retourner, je me retourne et je regarde la fenêtre éclairée. J'aimerais y voir passer une ombre.

J'appelle le portable de mon père. Pour lui dire bonne nuit. Pour lui dire à demain. Mais l'appareil est éteint.

Vous êtes bien sur la messagerie. Et cætera.

Je m'éloigne en courant, pour ne pas céder au démon qui me murmure qu'un malheur est si vite arrivé.

L'hiver

Je ne vais jamais dans la chambre du fond.

Je m'interdis d'ouvrir la porte qui mène à la chambre de notre mère.

Quand je la passe, je suis prise d'un vertige mortel. Il y a là un trou noir de chagrin, un gouffre qui pourrait m'aspirer, dévorer ma si faible détermination.

La chambre de Barbe-Bleue, pourquoi écris-je cela. À cause des secrets que j'espère y découvrir, que je crains d'y découvrir, et qui n'y sont pas.

Secrets desséchés par le temps. Les secrets ne survivent pas mieux que les autres choses. Le plus triste est même qu'ils se décolorent et deviennent indifférents.

Que trouve-t-on dans la petite chambre close de Barbe-Bleue ? Les secrets de femmes mortes qui ne nous regardent pas (ne nous ont jamais regardées).

Je n'ai jamais rien fait d'autre que frapper à la porte fermée, écrivait Marguerite Duras un jour de tristesse (il me semble qu'il y a de la mauvaise foi à éterniser des phrases dites un jour, contredites le lendemain).

Je fais tout à fait le contraire, je ne franchis pas la porte ouverte. Ou le moins souvent possible. Dès que je passe la frontière du couloir, les peluches adorées par ma mère, les romans policiers, la couverture chiffonnée, les trous de cigarettes innombrables dans le sommier du lit, le coffre à bijoux cassé, aux fermoirs manquants, qui fait penser aux trésors des pirates, les paravents chinois, les tissages roux, les châles mexicains, les choses laineuses m'immobilisent et me serrent le cœur.

J'attends.

Je ne sais pas ce que j'attends. Qu'il ne me paraisse plus sacrilège de pénétrer ici, de respirer cet air saturé de sa présence. Elle volette encore ici. Il faut la laisser tranquille, madame Muir.

*

Nous essayons, tandis que le tapis de feuilles mortes et marron (cela s'est fait en un jour de bourrasques) s'épaissit dans les parcs, tandis que grondent brutalement les petites machines qui les aspirent d'un jet violent, de reprendre la vie normale, une vie qui n'existe pas mais qu'il faut inventer à chaque pas.

Cela oblige à penser à tous les gestes invisibles et innommés de la journée. Les occasions de trébucher. La salle de bains glissante, le couloir sombre et coudé, les coins de la table basse qui déchirent les jambes, les lampes en travers du chemin.

J'ai vécu enfant dans cette alerte. Notre grand-mère se tenait si difficilement au mur, elle était si malade, elle risquait de tomber, elle était si grande, elle allait tomber de si haut, elle refusait qu'on l'aidât, elle refusait de s'asseoir dans un fauteuil roulant, elle se hissait avec les bras, d'un mur à l'autre, il y avait partout des sonnettes pour qu'elle puisse prévenir qu'elle était en trop grande difficulté ; je la regardais, pourquoi tous ces efforts ? Cela me coupait le souffle, cette fierté, ce courage.

Je la détestais de me faire si peur, de ne pas craindre cette angoisse qu'elle suscitait.

(Et je ne veux pas y penser. Il y a une photo d'elle à vingt ans. Elle a un visage pur, un regard direct, loyal, un front magnifique, une aura d'intégrité et d'innocence. Je ne me souviens que de cette femme-là. Qui est la vraie.)

Comment vas-tu faire ? dis-je, insistante.

Il y a Acacia.

Acacia est concierge dans le quartier et vient deux heures par jour depuis si longtemps. Acacia avec sa voix plaintive, ses acouphènes, ses monologues sans tendresse. Ses maux innombrables, son indifférence.

Acacia, ne mettriez-vous pas quelques fleurs, pour que tout ici soit moins triste ?

Elle hausse un peu les épaules, encore une idée qui ne sert à rien, mais si cela vous fait plaisir.

Elle vient chaque matin, imperturbablement, rien n'est changé. Elle apporte le courrier à neuf heures, s'occupe du ménage, du linge, fait des courses. Elle repart à onze heures.

Elle ne peut pas rester un peu plus longtemps ?

Non. Elle n'a pas que cela à faire.

Et quelqu'un d'autre ?

Non, ne te mêle pas de tout cela, ne t'inquiète pas autant, tout ira bien.

Tu ne t'ennuies pas ?

(Je m'ennuie rien qu'en pensant à toi. J'ai des larmes d'ennui qui me montent aux yeux.)

Je ne m'ennuie pas. J'ai beaucoup à faire, et je suis devenu affreusement lent. Il y a tellement de dossiers en retard, tellement de papiers à remplir.

C'est exaspérant, cette lenteur. Je hais les dossiers, je voudrais brûler tous ces papiers, ces formulaires, ces feuilles administratives qui jonchent la table, vaguement enrobées dans leurs fines chemises en papier, je voudrais que mon père s'amuse, qu'il se distraie.

Je suis allée autrefois à la rencontre d'un écrivain que j'admirais, j'ai pris le train pour Genève. Il vivait près du lac, il recevait dans un café aux tables couvertes de feutrine verte, assis à une table du fond, sa table, où il se tenait chaque jour, près du billard. De grandes fenêtres et un plafond lambrissé donnaient à cet endroit une élégance viennoise. Nous avons bavardé longtemps, j'étais sous le charme de son érudition, de sa fantaisie, de sa délicatesse de vieil homme. Nous nous sommes donné rendez-vous chez lui.

Georges Haldas vivait dans un antre mangé par les journaux. Ils montaient jusqu'au plafond ; des livres en pile remplissaient la pièce obscure, la poussière égalisait les angles, la fenêtre ne pouvait plus s'ouvrir depuis des siècles. Les carreaux ne laissaient plus passer aucune lumière, il ne s'en rendait pas compte. Comme on mesure ses gestes, comme on diminue l'envergure de ses bras, comme on réduit ses ambitions, comme on rentre plus tôt le soir, Georges Haldas, cette voix claire et profonde, cet esprit magnifique, s'était emmuré vivant dans du papier. (Pourtant, je n'ai jamais oublié les pages si drôles qu'il avait écrites sur les repas dans les avions.)

Acacia pourrait te faire une soupe chaque jour.

Oui, pourquoi pas, si tu veux.

Il chasse mes idées comme des mouches. Il dit oui par pure bonté d'âme. Avec ce sourire que je ne lui connaissais pas.

On pourrait te livrer des repas.

Les repas sont livrés, la nourriture s'entasse, de la nourriture dans des conditionnements en plastique transparent qui donne un goût uniforme aux aliments. Tout est un peu marron ou beige, un peu mou.

Acacia apporte de la soupe tous les jours.

Il mange avec discipline. Il dort onze heures. (Lui qui était fier de n'avoir besoin de rien, le sommeil, cette perte de temps ridicule, quatre heures me suffisent, et six pour les autres, les mollusques, tu es une vraie marmotte, ma grande.) Il déroule chaque soir à vingt-trois heures deux son tapis de gymnastique pour faire les mouvements que son professeur, un vieux kinésithérapeute plein d'humour, à la culture militaire, lui a appris.

Je suppose.

Je déteste mon nouveau rôle. La vie privée de mon père ne m'intéresse pas, ne me regarde pas. D'ailleurs il ne veut pas que nous nous en mêlions. Je voudrais en être dispensée. Être loin, être à l'autre bout du monde. Je le suis davantage pourtant que je ne le crois.

Le docteur Chaïm se moque de moi.

Vous vous accordez tellement d'importance !

Quelle injustice encore.

Que savez-vous de ce que pense votre père ? de sa vie ? de ses désirs, de ses principes, de ses peurs ?

Presque rien, mais trop encore.

Et je ferme les yeux en versant l'eau du thé pour ne pas voir la rouille, les paquets de pâtes périmés, le calcaire, le vieux pain.

Vous regardez quand même.

Je ne veux pas verser l'eau à côté du pot.

J'essaie de faire des visites plus légères, des visites qui ne seraient plus des visites, des je-passais-juste-par-là qui ne trompent personne ni moi, mais c'est que je ne veux pas être l'infirmière, je ne suis pas la garde-malade, éloignez de moi la fille répressive, jamais je n'ai voulu priver mon père de quoi que ce soit, elles tournent autour de moi, ces figures hostiles, ô Cordélia prête-moi ton sourire ! J'essaie de ne pas prendre trop d'habitudes filiales.

Je relis *Le Roi Lear*, *Le Père Goriot*, et le si beau *David Golder* pour me vacciner contre l'intimité si décriée des filles et de leurs pères. Je lis Anna Freud, Camille Claudel, Jenny Marx, Virginia Woolf. Les Antigones aux pieds englués dans les traces trop fraîches des semelles de leurs pères.

Je relis le *Journal* de Virginia Woolf. 1928.

« Anniversaire de Père. Il aurait eu quatre-vingt-seize ans. Oui, quatre-vingt-seize ans aujourd'hui, comme d'autres personnes que l'on a connues. Mais, Dieu merci, il ne les a pas eus. Sa vie aurait absorbé toute la mienne. Je n'aurais rien écrit. Pas un seul livre. »

Ce n'est pas votre vie, dit le docteur Chaïm, grandissez donc un peu.

J'appelle, je peux passer, je ne te dérange pas ?

Nous buvons notre thé vert, en contemplant les colonnes blafardes dans le froid soleil du Panthéon. De minuscules silhouettes noires entrent et sortent de la coupole.

J'ai apporté des macarons et du gâteau au chocolat.

Assis de travers dans le canapé beige, sa bretelle mise n'importe comment, papa cite un article du journal qu'il a coché, sur le danger que représente l'Iran. Il a passé des heures à le déchiffrer, tant la lecture lui coûte.

Des lettres qui manquent, dit-il en s'excusant, des hiéroglyphes à la place de certaines lettres, il suffit d'un petit point dans le cerveau, une minuscule lésion, et pof.

Il frotte ses doigts contre son pouce, il frotte ses doigts sans cesse. Et il lutte contre de soudains hoquets anxieux, dont il sait qu'ils m'effraient. Le chagrin me guette et m'affaiblit. Nous serrons les dents, nous serrons les dents.

Chaque jour, il s'agit de gagner quelques millimètres. Nous sommes pris dans une idéologie de kinésithérapeute. Chaque jour quelques millimètres. La modestie au poste de commande.

*

Les jardins du Luxembourg sont désormais sans couleur hormis les chrysanthèmes que de preux jardiniers ont posés dans des vasques au coin des balustres de pierre.

J'aime à les traverser à l'heure de la fermeture, qui est aussi l'heure du coucher du soleil.

Emmitouflée dans mon écharpe, le nez rouge, mes mitaines vertes enfoncées dans mes poches trouées, je regarde les nuages glacés, la tour de l'avenue de l'Observatoire où vivait Simone Weil, les canards patachons et leurs niches de chien posées sur le bassin livide, les éternelles mouettes, troupeaux blancs sur fond vert, comme de petites vaches, les corneilles, les corbeaux et les moineaux repus. Paysage de la permanence qui chaque jour s'interrompt à heure fixe.

De toutes parts jaillissent les gardes, le sifflet à la bouche, et les voici qui rabattent visiteurs, étudiants, vieilles dames et touristes vers les grilles. Le flot d'humains qui coule ainsi vers le dehors a quelque chose de comique. Les limbes, me dis-je, c'est cela.

Et je reste assise dans mon fauteuil rouillé, adossé à la statue de Marguerite de Navarre, en faisant semblant de lire des lettres écrites à sa fille par la romancière Jean Rhys, je reste le plus longtemps possible, jusqu'à être délogée par un gendarme agacé à qui je lis ces mots tandis qu'il me traîne vers la sortie : « Je sais pourtant que si j'ai le courage d'aller jusqu'au bout de ce que je ressens, je finirai par trouver ma propre vérité, la vérité de l'univers, la vérité de toutes ces choses qui n'en finissent pas de me surprendre et de me faire mal. »

Mon père n'écoute pas la phrase, au demeurant légèrement inexacte, que je lui répète, en lui racontant comment je l'ai retrouvée dans un livre d'Annie Ernaux, et la joie que j'en ai éprouvée. Il s'inquiète.

Ainsi va notre relation, inquiétude pour inquiétude, comme on dit dent pour dent.

Quel âge as-tu, ma grande, tu n'as vraiment rien de mieux à faire ? Lire des phrases à un gendarme qui ne fait qu'appliquer le règlement. Je me demande quand tu te décideras à prendre la vie au sérieux.

Mais il sourit, il ne va plus me convaincre de changer, maintenant. Il a suffisamment essayé. Tu ne voudrais pas faire l'ENA ? Toi qui aimes les concours, tu serais très bien à l'ENA. Enfin, tu aurais été bien, c'est beaucoup trop tard désormais.

Oui. J'aurais été bien. Mais je ne voulais pas.

Et ta fille aînée, elle ne veut pas ?

Non. Elle ne veut pas. Elle t'adore, mais pas au point de faire l'ENA.

La déception ne le quitte jamais. Pourquoi avons-nous quitté les chemins sablonneux, les larges avenues délicieuses et sûres des grandes écoles de commerce et d'industrie, pourquoi ne sommes-nous pas trilingues, et bien mariées, quel caillou pointu a roulé sous la carriole de nos destins ? Qu'a-t-il mal fait ?

J'ai apporté un petit repas, nous nous racontons des trucs, assis dans la cuisine sombre, tandis que battent les portes de saloon qui séparent la table où nous mangeons et l'espace réservé à l'évier, au frigidaire, aux plaques.

C'est moderne.

Mon père me raconte sa première expérience de la fin du monde.

Nous piochons dans les bouts de saumon pâle. Nous buvons de l'eau.

Nous étions sur le petit mur du jardin, nous étions là, en Bretagne, comme acculés au fond d'une impasse sans issue autre que la haute mer, peut-être pour toujours, coincés là comme des rats, on nous avait expédiés avec les femmes, nos mères et nos tantes qui s'entre-haïssaient. Sur ce mur, se trouvaient donc mon cousin Roger Lazard, qui avait juste mon âge, et moi. C'était aux alentours de l'anniversaire de mes treize ans. Août 1940. Et nous avons vu une colonne qui descendait de Crozon, nous avons compté les blindés, les chenilles, les camions, la colonne des fantassins. Pof pof pof, ils surgissaient en haut de la côte et serpentaient sur la route. L'armée allemande. Et nous nous sommes regardés, émus, et certains que dans très peu d'heures nous serions morts.

Parle-moi de Roger, dis-je, comme cent autres fois.

Parle-moi de ce frère presque jumeau, dont je ne connais que le visage rond et tendre.

Mais il n'y a que cette histoire qui revient.

Roger Lazard a attrapé la poliomyélite en 1949 à l'École polytechnique. Il en est mort dix ans plus tard. Poumon d'acier, paralysie générale. Nous n'en avons jamais parlé.

Le chagrin secret de notre père. Un de ses secrets.

Vous vous sentiez juifs, sur ce mur, dis-je, pour la millième et inutile fois, en renversant un peu d'eau, et il hausse les épaules.

Ne parle pas tout le temps de cela, dit-il. Nous ne disions jamais ce mot. Que cherches-tu à prouver ? Nous savions évidemment que nous étions menacés. Maman nous avait dit qu'il valait mieux dire « breton » plutôt que juif dans les conversations. Nous avions interdiction de prononcer ce mot.

Cela vous est resté, je remarque.

Et nous rigolons, en mangeant des galettes de Pleyben, des galettes de Saint-Michel, des palets au beurre salé, des gâteaux bretons. Des sablés juifs.

*

Il est vingt heures, et ce soir c'est Noël.

Il sonne à la porte.

Les enfants chahutent, jouent à saute-mouton et à chat, s'enroulent dans les rideaux rouges et bleus, on verse du vin, les paquets s'entassent, les papiers cadeau font des taches de couleur, il y a des noisettes dans des coupes, des clémentines sur le buffet, le sapin est un sapin. Des boules anciennes au velouté de satin se balancent à côté des boules rouges et blanches, des guirlandes blanches et rouges, des bougies, et au sommet de l'arbre oscille une étoile énorme.

Sur la tête de mon père est enfoncée sa chapka. À la main, il tient sa canne, son sac à main dit mes poches, un sac en plastique, un autre cartable, et une housse qui contient deux bouteilles. Il est très fier de cette housse qui conserve le champagne au frais. En enlevant son manteau, sa peau dit-il, ma peau de bête, il coince le sac à main dit mes poches dans sa manche, la housse à bouteilles tombe, la canne roule. Cette soirée va être difficile.

Les autres années, c'était facile, mais nous ne le savions pas. (Tu pleureras l'heure où tu pleures qui passera trop vitement comme passent toutes les heures, disait Guillaume Apollinaire, dont les citations sur Google sont assorties de conseils sur la mauvaise haleine.)

Donc, chaque année, mon père et ma mère débarquaient à deux, ils s'étaient disputés dans la voiture, tu ne peux pas être prête à l'heure ? Tu es tout voûté, attention, regarde ton écharpe, fais donc attention, soupirs, comment puis-je, comment peux-tu, silence. Ils étaient très élégants, et maman levait un peu le menton, plus archiduchesse orientale que jamais. Un face-à-main imaginaire, des bagues, un regard d'aigle.

Ils continuaient de se disputer dans l'ascenseur. Il lui tenait la porte de notre ascenseur en bois ciré tout à fait assorti à leur entrée royale. Puis ils s'asseyaient en se jetant des regards furieux. Chacun trouvait que l'autre gâchait le spectacle, un boulet.

Une vodka. Un whisky. Sans eau. Glaçons.

Même l'année dernière.

Enfants qui courent. Cadeaux. Dîner.

Ensuite ils s'embêtaient pas mal. Avec infiniment de grâce.

*

Ce soir, il est très pâle. Il a décidé de venir par ses propres moyens, il a décidé d'être là malgré tout.

Ne vous souciez pas de moi.

Tu es sûr ? Ce ne sera pas trop difficile ?

Mais non, que vas-tu chercher ?

Tu te sentiras bien avec nous.

Oui, oui, évidemment.

Il m'appelait toujours à Noël, m'a dit plus tard Jeanne, qui était l'autre femme de sa vie. Il m'appelait toujours le matin de Noël, a dit Jeanne, bien plus tard. Jeanne n'était jamais à Paris pour Noël. Elle était dans sa famille à elle. Au moment des fêtes, les couples clandestins font leur boulot de figuration officielle, chacun de son côté. C'est l'envers du décor.

Pendant que nous ouvrions nos cadeaux, ils se parlaient très doucement. C'est étrange à imaginer.

(De combien de cadeaux chacun de nous se souvient-il ? De combien de coups de téléphone secrets ?)

Un autre des secrets de la vie de mon père. Ce moment rituel et chronométré, ce moment qui s'est répété tant de fois. L'a-t-elle appelé ? Sûrement. Ils auraient pu passer ensemble cette terrible soirée. Ils auraient pu. Leur si long et fidèle amour le méritait, il me semble.

Le soir de Noël est le moment le plus convenu de nos vies. Un carcan aux odeurs merveilleuses, une prison aux couleurs rouge et or. C'est pourquoi certains l'aiment plus que tout, tandis que d'autres le redoutent, mais je crois que la majorité hésite, et change d'avis.

*

Mon père tient aux conventions qui nous soutiennent et nous lient. Mais ce soir, ce 24 décembre-là lui demande trop. Il perd le souffle, le contrôle de la situation lui échappe, l'angoisse est trop forte. Même René Descartes, même Auguste Comte, même Émile Durkheim ne pourraient ce soir se cramponner davantage à la rampe de la raison. Il tangue. Il ne retrouve plus ses papiers. Il a dû les laisser chez lui.

Je ne trouve plus mon portefeuille. Il est blême. Où ai-je posé les cadeaux ?

Assieds-toi, je t'en prie.

Il fouille dans les paquets au pied du sapin.

Le portefeuille doit être là, un portefeuille noir, avec des papiers qui dépassent, oui, un porte-cartes. Ou alors je l'ai perdu dans l'ascenseur. En sortant de la voiture.

Nous passons l'escalier au peigne fin. Rien. Tu veux que je repasse chez toi ? Branle-bas de combat. Noël est un combat.

Ne vous occupez pas de moi ! Fais ce que tu as à faire, ma grande.

Nous jouons à cache-cache derrière les rideaux. Les enfants courent. On va ouvrir les cadeaux. Papa à quatre pattes derrière le sapin.

Que fais-tu ?

Je pensais que mon portefeuille devait être tombé là.

Soudain il sourit tristement. Il est de plus en plus pâle.

Je vais rentrer chez moi. Il faut que je rentre. Je ne me sens pas des vôtres. Je ne me sens pas d'ici. En trop, ce soir. Amusez-vous.

J'espère que Jeanne W. a appelé ce soir-là. Mais elle était avec les siens. Ses neveux. Les doubles vies sont pleines de déchirures, d'amertume.

Lui, il a appelé le matin comme toujours. À l'heure où l'on est sûr que le Père Noël a eu le temps de passer. Il a menti probablement, par fierté et par amour.

C'était très bien. Et toi, comment te sens-tu ?

*

Nous marchons dans la nuit froide de janvier. La rue est déserte, la rue de Meaux, si longue et si triste.

Nous allons au théâtre, mon père et moi, voir *L'Ours*, une pièce comique et conjugale de Tchekhov. Les grilles sont fermées. Nous sommes en avance.

Mon père s'est habillé comme on le faisait autrefois pour sortir, un chapeau de feutre pour saluer les dames à l'entracte, un grand manteau. Une écharpe blanche. Je me souviens des loges de la Comédie-Française, de leurs portes rouges qui claquaient.

Nous nous réfugions dans un café-charbons. Mon père vacille. Il s'assoit. Les dealers dont c'est le bureau ne peuvent pas nous foutre dehors. Ils nous traitent avec respect, ils nous tiennent la porte (il ne faudrait pas que nous nous incrustions non plus). Le vent arrive directement de Sibérie.

Nous sommes des réfugiés, gelés, transis, perdus. Les portes du théâtre s'ouvrent enfin.

La salle du Bouffon Théâtre est minuscule, et poétique. Pas de fosse d'orchestre, pas de loges, pas de murs rembourrés, ni d'ouvreuses évaporées. Le velours rouge a vécu, mais il fait chaud.

Nous applaudissons.

Smirnov entre, il vient réclamer son argent à la veuve de son débiteur. C'est lui, l'Ours.

L'Ours accroche à la patère son manteau de loup. Il s'installe, il n'a pas l'intention de quitter les lieux avant d'avoir obtenu son dû.

Je suis malade et je n'ai rien à vous donner, dit Elena Popova. Allez-vous-en. Et elle tourne les talons.

Tu es malade un an, je reste ici un an ! dit l'Ours à la jeune veuve Elena Popova qui n'a aucunement l'intention de rembourser les dettes de son idiot de mari.

Ils se défient.

J'ai emmené mon père au théâtre, je le regrette, c'est une soirée trop dure, trop noire, janvier est impitoyable, je ne comprends pas pourquoi j'ai fait cela.

Elena Ivanovna Popova, magnifique, brandit un revolver. Smirnov tombe amoureux. À l'amour comme à la guerre.

Je reconnais cette arme. Je l'ai toujours vue dans le tiroir du bureau de mon père, il me la montrait pour m'impressionner quand j'étais petite, et je l'ai toujours aimée.

Ce n'est pas le même que le tien, papa ?

Il rit. Il ne dit rien, et il rit.

Nous savons soudain pourquoi nous sommes là.

*

Au sol une mosaïque ravissante, régulière, de carreaux pastel à peine gâtés par nos traces boueuses. Le café Le Rostand a beaucoup changé depuis le temps. Cependant, ni les chaises paillées aux pieds de bois, ni les chaises à la peinture bleue écaillée, ni le bar si lourd, ni l'élévateur au milieu de la salle, ni l'escalier qui descend vers une cabine téléphonique désaffectée, ni les toilettes aux murs jaunes n'ont été sacrifiés aux dieux des cafés modernes.

Nous nous installons à une table bordeaux, dans le vent qui pince et mord. Le feu n'est pas encore allumé, dans la cheminée au coin de laquelle j'ai coutume d'aller m'asseoir.

Mon père arrive, une écharpe rouge autour du cou, nous avons rendez-vous avec le Temps.

Il y avait autrefois deux grands cafés, dressés comme des guetteurs, de part et d'autre de la rue Soufflot. Je n'aimais pas le Capoulade, à cause de son nom de céleri, et de tabac. J'aimais le Mahieu, qui me faisait penser à Jean-Paul Sartre, à Boris Vian, et à *L'Écume des jours*. J'aimais ses banquettes pourries et les grands crèmes que j'y buvais par principe. J'aimais aussi son nom, rural et délicat. Le Rostand ne faisait même pas partie du jeu. Et c'est lui qui a gagné, même si les garçons ont changé de tenue, et ont été sommés de troquer il y a quelques années leur tenue traditionnelle de pingouins pour un jean (j'en connaissais un qui n'a pas supporté cette hérésie et qui est parti).

Véronique Aubouy enregistre *À la recherche du temps perdu* de Marcel Proust. Elle enregistre sa lecture intégralement, cinq minutes par cinq minutes, et demande à ses lecteurs et lectrices un quart d'heure de leur vie, le temps de régler le micro, de choisir le cadre. C'est une installation, une œuvre de piété, un défi prométhéen.

Elle arrive essoufflée, me tend le livre que chacun doit lire, une sorte de livre sacré, de Bible profane, *devarim*, qui signifie les paroles en hébreu.

Qui est cette jeune femme, pourquoi fait-elle cela ? demande papa en s'installant derrière moi, pour ne pas nous gêner.

Je n'ai pas le temps de lui répondre.

De gros oiseaux, lis-je d'une voix incertaine, et très différente de ce que j'avais imaginé, de gros oiseaux parcouraient rapidement le Bois, comme un bois, et poussant des cris aigus se posaient l'un après l'autre sur les grands chênes qui sous leur couronne druidique et avec une majesté dodonéenne semblaient proclamer le vide inhumain de la forêt désaffectée, et m'aidaient à mieux comprendre la contradiction que c'est de chercher dans la réalité les tableaux de la mémoire, auxquels manquerait toujours le charme qui leur vient de la mémoire même et de n'être pas perçus par les sens. Les lieux que nous avons connus n'appartiennent pas qu'au monde de l'espace où nous les situons pour plus de facilité. Ils n'étaient qu'une mince tranche au milieu d'impressions contiguës qui formaient notre vie d'alors ; le souvenir d'une certaine image n'est que le regret d'un certain instant ; et les maisons, les routes, les avenues, sont fugitives, hélas, comme les années.

Nous tremblons de froid. Je regrette de t'avoir invité, tu as dû t'ennuyer, dis-je, et il hausse les sourcils.

Pas du tout, j'ai lu le journal.

Il plisse les yeux.

Je vois bien que notre incongruité à tous les trois l'amuse.

J'ai peur que tu n'attrapes la mort, dis-je, en regrettant aussitôt ces paroles.

Véronique Aubouy est déjà repartie vers une autre captation, on dirait une pêcheuse à la ligne, concentrée, une collectionneuse indifférente, comme l'est le pêcheur, à ses poissons. Elle peut montrer déjà quatre-vingt-neuf heures de lecture d'*À la recherche du temps perdu*. Onze jours d'affilée à huit heures par jour, avec une heure perdue. (Je tiens beaucoup à cette vulgate socialiste, la vie, huit heures de travail, huit heures de loisir, huit heures de sommeil. Oui, c'est au moins un point d'appui solide, une règle de vie, sujette aux entorses, et que l'on ne suit jamais, mais qui existe, oui, qui existe quelque part.)

Allons déjeuner, dit mon père, en faisant tomber une fois de plus sa canne, en trébuchant sur son manteau de peau, en enfonçant sa chapka sur ses yeux.

Je songe à madame Swann, à son paletot de loutre, à ses plumes de perdrix, à ses petits bouquets au corsage. Allons déjeuner, dis-je en lui tendant le bras.

Toujours, selon le principe de *Blow Up*, au milieu des images de Véronique Aubouy, qui promène cet enregistrement filmé d'*À la recherche du temps perdu* lu par mille et mille inconnus, page à page, mot à mot, pour le meilleur et pour le pire, à travers le monde entier, il y aura le visage de mon père, essence de sa présence si naturellement clandestine, en train de lire *Libération*, son écharpe rouge autour du cou, en tirant sur sa pipe éteinte. Il n'écoute pas, il ne fait pas semblant d'écouter, il est un acteur de cette scène, pas un spectateur. Le véritable héros en vérité de cette cérémonie.

*

Tu n'aimerais pas voir l'exposition consacrée à Alberto Giacometti ? Il n'y aurait que nous, ce serait une visite privée.

J'aimerais que ce soit une sorte de cadeau. Un hameçon pour arracher mon père à la vase où il s'enfonce. Un crampon comme ceux qu'utilisent les montagnards.

Regarder des tableaux, tourner autour de sculptures est un rituel que nous pourrions partager. Une petite religion. (Comme il eût été certainement agréable de se souvenir de l'océan des taliths sur les têtes des hommes les soirs de Kippour, des bar-mitsvas, de petits garçons portant la Torah, des seders où l'on psalmodie *Dayenou*, et cela aurait suffi. Je n'ai pas de ces souvenirs, et quand je suis invitée, je me sens aussi étrangère-et-pourtant-chez-moi que dans la cathédrale Saint-Alexandre-Nevski.)

Soutenez-moi, ô institutrices juives, les mains plaquées sur vos jupes marron, le visage serré dans vos foulards, marchant d'un pas ferme dans vos chaussures plates, pénétrées du caractère sacré de la transmission de l'alphabet et des tables de multiplication, ô vous, toutes les Yentl de Roumanie et de Prague, tous les marchands de chevaux de Metz et de Strasbourg promis à de riches avenirs, tous les rabbins de Lunéville, imprimeurs de Haggadah et bâtisseurs de synagogues, tous les apatrides byzantins des bords de la mer Noire et du Bosphore. Vous, les comtesses, les danseuses demi-nues, les joueurs de casino en frac. Silence. Où êtes-vous, avez-vous jamais existé ? Vos papiers ? Brûlés ? Ce ne sont que des inventions. Des traces, comme on dit pour nos ADN.

Nous n'avons que les livres, l'amour de l'art. La connaissance. Égale pour tous ou presque. Démocratique.

Avec plaisir, dit-il.

Quelque chose se déclenche, une opération spéciale, minutée, nous passons te prendre à onze heures.

À onze heures pile, embarquement, le taxi cahote, les pavés nous secouent. Dans le bâtiment endormi, une porte s'ouvre, un couloir se profile, quelqu'un nous guide, nous montons et nous descendons dans le ventre de la bête, mes mains tremblent (je n'aurais pas été une bonne résistante, regarde ces mains qui tremblent). Ce sera trop long, trop fatigant.

Mais non, tout va bien.

Nous débouchons enfin sur les salles de l'exposition.

Vastes espaces éblouissants. Çà et là, les longues silhouettes, penchées en avant. Les minuscules têtes d'aiguilles.

Nous déambulons. Nous faisons semblant de nous concentrer. Nous nous ennuyons.

Ce n'était pas terrible, remarque-t-il, en sortant.

Et je l'admire et l'adore d'oser nous décevoir ainsi.

J'ai eu l'impression d'avoir déjà vu ces hommes pressés, ces hommes qui marchent tant d'autres fois, dit-il. C'est devenu un cliché.

*

Nous voguons dans Paris.

Nous palabrons.

L'autobus 96 nous berce et nous bouscule.

Comment l'appelles-tu ? demande mon père.

Orhan. Orhan Kanetti. Tu devrais aller le voir. Si tu voulais y aller, je viendrais avec toi.

Si je t'écoutais, je devrais faire tant de choses que je ne ferais plus rien. Je ne peux pas passer ma vie chez les charlatans, les docteurs, les orthophonistes, les podologues, les acupuncteurs, les ostéopathes, les magnétiseurs, les chiromanciennes.

Orhan n'est pas médecin, dis-je, vexée et ulcérée. Ils ont, sa femme qui se nomme Edip Adivar et lui, ouvert un atelier de tailleur tout près d'ici, dans un entrepôt. Ils sont tailleurs. Ils retouchent et coupent des vêtements.

Œdipe comment ? Tu te moques de moi, j'imagine.

Non.

Mon père refuse de se soucier de ses vêtements. C'est une forme de fatigue, et de deuil. Il porte chaque jour le même pantalon trop large et déchiré, en tissu d'été, beaucoup trop léger.

Comme un taon, je le harcèle.

Tu dois avoir froid, non ? Tu n'as pas d'autre pull ? Par souci de notre commune dignité. Ou pour toute autre mauvaise raison.

Il ne faut jamais se faire remarquer, ne pas se faire plaindre. Ne pas donner prise. C'est ce que tu nous as dit.

On s'habille par respect, combien de fois nous l'as-tu répété (et nous n'en avions cure, nous nous en fichions complètement).

Je me plonge dans mon livre, et nous nous taisons tous les deux, nos visages sont furieux. Nous regardons Paris scintiller à travers la vitre sale. Nous passons la Seine.

Le 96 est mon autobus préféré, je considère son chiffre, quatre-vingt-seize, comme hautement porte-bonheur et très harmonieux. Son trajet aussi est magnifique. Une des plus belles traversées de Paris.

Je n'ai pas le temps, tu comprends, j'ai trop de choses à faire, je suis devenu lent et je suis terriblement en retard.

Sa bouche aux commissures fatiguées n'est plus qu'une ligne. Ses joues pâles se creusent. Il respire un peu trop vite.

L'autobus 96 freine brutalement, nous heurtons nos voisins d'en face, la canne roule sous la banquette (l'instabilité des cannes, leur propension à vous lâcher est un sujet qui mériterait une attention particulière), mon père se précipite pour la ramasser, se prend les pieds dans son pantalon trop long, s'étale, une jeune fille se jette à sa rescousse, il se redresse, pur miracle, ils sont tous les deux à quatre pattes dans le couloir.

Je regarde ailleurs.

La jeune fille s'est relevée, a aidé papa, nous voici dans un film de Frank Capra. Nous nous rasseyons tous dignement.

Comment vous appelez-vous ? dis-je.

Adalet. Adalet Adaoglu. C'est turc, précise-t-elle. Elle dit qu'elle est élève en classe préparatoire au lycée Charlemagne.

Elle saute de l'autobus 96. Nous sommes arrivés à la station Saint-Paul, le manège tourne, le vent souffle, le vendeur de marrons a son habituel nez rouge.

Un très joli prénom, dit papa, charmé. Et il fait de petits moulinets de dandy avec sa canne retrouvée. Il se tourne vers moi. Tu te souviens sans doute que tu es, toi aussi, d'ascendance turque. Boghoss Missirly Bey, c'était le nom de ton grand-père maternel. Quant à sa mère, qui l'avait répudié par jalousie envers ta grand-mère, la très belle Angelina, on la nommait Nonna Allahverdi.

Nonna n'est pas un prénom, dis-je, cela veut juste dire grand-mère.

Je ne les ai pas connus, dit mon père sans répondre, mais quel beau nom : Boghoss. On l'appelait aussi Paul ou Bob, dit-il en souriant mentalement à Adalet disparue.

Je te remercie, je suis au courant, dis-je, et je me mords les lèvres devant sa mine vexée.

Deux stations plus loin, au coin de la rue de Turenne, nous descendons de l'autobus.

Je veux bien finalement aller voir tes amis turcs, dit mon père.

Et nous faisons la paix.

*

Orhan me téléphone :

Je passe chez ton père ce soir. Nous sommes devenus très amis, sais-tu. Il aime profondément les belles choses. C'est un seigneur. Il connaît aussi bien les tissus que moi. Les chemises. Les coupes. Il a un goût anglais parfait. Sa belle-famille…

Ne te laisse pas embobiner, dis-je, contente et agacée.

C'est un homme du dix-neuvième siècle. Infernal, de mauvaise foi. Mais oui, élégant, foncièrement élégant, comme on peut être foncièrement honnête.

Et je revois mentalement cette photo de mon père à quatre ans, en gants blancs, en manteau croisé, au mariage d'un oncle. Les hommes sont tirés à quatre épingles, leurs pantalons rayés tombent magnifiquement sur leurs chaussures resplendissantes, leurs queues-de-pie leur donnent à tous des airs de ministres, leurs boutons de manchettes brillent. On entend le gravier crisser.

Magnifiques pingouins ! dis-je.

C'est beau l'amour. Il se moque.

Et nous allons dîner ensemble. Parler des relations tellement amusantes que l'on peut établir entre la coupe d'un vêtement et l'écriture d'un roman.

Le tissu, dit Edip, rêveuse, le tissu des mots nous enveloppe. Un vêtement est un songe. Un tailleur doit connaître le corps humain et ses faiblesses pour les déjouer, pour en triompher, sans que cela se devine. J'aurais aimé créer des vêtements sur mesure, des robes uniques. Un jour je créerai une ligne de vêtements secrète. Ce sera pour une seule personne. Nul autre ne le saura jamais.

Tu me le diras à moi, murmure Orhan.

Je me sens réchauffée par leur amitié. Leur maison est une grotte lumineuse. Sur la porte, une inscription sur du bois peint : Rue de l'Épicerie aux mouches. À l'intérieur de la grande pièce, une table en chêne, des vieux fauteuils, des canapés un peu défoncés et couverts de tissus d'Orient. Le feu crépite, les pommes et les coings parfument l'air, le safran parfume l'air, pourquoi, plus que toute autre chose, les odeurs ont-elles ce pouvoir de rassurer ?

Au 17 de la rue de Saintonge planent l'âme de Blaise Pascal (qui écrivit ici son traité sur le vide) et celle de Tristan Tzara, qui savait si bien parler de la douceur. Je pense à la chaleur que tisse la parole autour de son noyau, ce rêve qu'on appelle : nous.

Je jubile en songeant aux nouveaux habits bien chauds de mon père.

*

Nous voici une fois de plus réunis dans notre quartier général. La Cigale. Notre restaurant préféré. À notre table, celle qui un jour portera nos deux noms. Nous sommes ici chez nous (comme beaucoup d'autres), nous aimons (plus que d'autres) nous sentir ainsi attendus et accueillis.

Tes amis Kanetti sont très bien, me dit mon père. Nous avons fait affaire. Ils travaillent vite, de vrais tailleurs à l'ancienne, au temps des costumes sur mesure. Le bon temps. Leurs prix sont remarquables, ce qui ne gâte rien.

Je touche terre après une terrible traversée. Je laisse la tempête derrière moi, cette tempête qui souffle au large, et que ceux qui sont restés à terre ne peuvent pas imaginer. Je respire. L'air a un goût délicieux, comme si je n'en avais pas respiré depuis des mois. L'air peut être comme de l'eau.

J'ai connu un Canetti. Tu crois qu'ils sont parents ?

Je ne sais pas, papa, je n'ai jamais demandé à Orhan.

Nous mangeons nos blancs de poulet, nous ne buvons pas plus d'un verre de vin. Les joues de mon père sont un peu roses, à cause de la chaleur du restaurant, et du froid de février.

Le restaurant est un théâtre. À la table voisine, un couple qui vient ici tous les jours à heure fixe. Ils se sont préparés avec minutie. Leurs manteaux sont épais et doux, comme le tweed, l'angora, la soie sur laquelle est accrochée une broche ; je pense à l'armoire à glace devant laquelle ils ont hésité ; à la coiffeuse devant laquelle elle a brossé ses cheveux bleus, à la laque qui a parfumé l'air. Ils sont toujours là vers treize heures, et reçoivent parfois des amis ou des neveux. Mon père, lui, est arrivé en avance – ce bus, ma grande, on ne sait jamais quand il va passer –, il a gardé son pardessus mastic, et il a étalé des papiers sur la table. Un vieil inspecteur. Il téléphone quand j'arrive, il téléphone d'un air furieux. Je m'installe. Les voisins nous sourient. Nous faisons partie du décor. Nous inclinons légèrement la tête.

Et puis soudain, autour de nous, les visages se détournent, mon père a renversé la sauce hollandaise sur sa chemise.

(Mon dieu, quelle calomnie, jamais il ne fit une chose pareille.)

Autour de nous, chacun mange tranquillement, détournant simplement le regard par politesse, avec une gêne, et nous essayons de faire bonne figure, nous demandons de l'eau, nous faisons disparaître les traces les plus embarrassantes, nous essayons, nous faisons bonne figure, une fille, une femme et son vieux père, assis l'un en face de l'autre.

Si nous prenions un dessert, dit mon père, qui me rappelle la reine qui avait perdu sa culotte mais sauvé sa dignité, un sorbet au chocolat, pour moi, s'il vous plaît. Et toi aussi, laisse-toi tenter, une tarte aux pommes te fera du bien, tu es creuse, cela ne te va pas.

Je n'aime pas cet adjectif : creuse. Je boude. Je cède. Une tarte, d'accord.

Connais-tu l'histoire du greffier Chouvakhine ? demande papa. Je ne sais plus qui me l'a racontée, je suis sûr qu'elle va te plaire.

Il finit son verre de vin, et s'enfonce dans son fauteuil inconfortable.

C'est une histoire du temps de Catherine la Grande, Catherine de Russie. À la fin des années 1770, je suppose. Son ministre, le prince Grigori Potemkine, souffrait de graves crises de dépression qui revenaient de plus en plus régulièrement, et durant celles-ci personne n'avait le droit de l'approcher. Cela entraînait de sérieux embarras, et la tzarine Catherine demandait que l'on fît quelque chose.

Un jour, tandis que le Conseil se désespérait, le greffier Chouvakhine, à qui personne ne demandait son avis, dit qu'il savait quoi faire et, l'air décidé, il franchit la lourde porte matelassée du ministre Potemkine, portant les dossiers et les parapheurs.

Il les tend au ministre Potemkine. Dans la salle du Conseil, chacun retient son souffle.

Et Potemkine signe, Chouvakhine tourne les pages, et Potemkine signe. Il signe, il signe. Alors Chouvakhine se précipite chez la tzarine, il brandit triomphalement les actes paraphés. Toute la Cour s'approche.

Les documents portent tous la même signature : Chouvakhine, Chouvakhine, Chouvakhine.

Cette histoire m'éblouit. Je ne savais pas mon père si métaphysicien, je ne lui connaissais pas ces accents benjaminiens. Je reste muette, pensant au secret préservé, à l'irréductible résistance de Potemkine, le chouchou de la tzarine. À la bêtise des porte-flingues qui se croient malins. Mon père aime les chevaliers servants et les souveraines.

Il faut que je rentre, j'ai un rendez-vous, dit-il, assez content de m'avoir éblouie avec cette mystérieuse histoire.

Je prends l'autobus avec toi, dis-je, je ne suis pas pressée aujourd'hui.

Je me demande parfois quand tu travailles, dit-il, je n'ai pas besoin de nurse, tu sais, j'ai l'habitude de prendre le bus.

Parfait, dis-je. À bientôt, dis-je.

Il traverse la rue la canne en avant, sans regarder à droite ni à gauche. Et je le laisse escalader les marches du 96.

Le chauffeur démarre sans lui laisser le temps de s'asseoir, je vois son chapeau rouler à terre, et lui, mon père, ce fou, je ne le vois plus, il est sûrement tombé. Je cours derrière l'autobus, évidemment, vous ne pouvez pas attendre une minute. Dans vos autobus remplis de personnes fragiles, combien de fémurs tous les jours, combien de chevilles foulées, d'épaules démises ?

Je trébuche sur un rebord de trottoir. Me relevant, j'aperçois mon père, de loin, assis au fond, en chapeau et pardessus. Il regarde droit devant lui, appuyé sur sa canne.

Le printemps

Pourquoi suis-je passée le voir ce jour-là ?

Un dimanche, vers six heures de l'après-midi.

Les jours rallongeaient, j'ai voulu regarder le soleil inonder la coupole du Panthéon et se coucher derrière les arbres, j'ai cherché un cahier dans les bacs poussiéreux de la librairie de la rue Saint-Jacques qui continue de s'appeler Le Temps retrouvé.

Le téléphone ne répondait pas, je crois. J'ai sonné à la porte, après avoir gravi trop vite les marches des quatre étages, j'ai sonné en respirant trop fort, sonné encore, enfin j'ai entendu son pas.

Il ouvre, il est décoiffé, ses cheveux sont hirsutes, son veston d'intérieur est noué de travers.

Que fais-tu là, ma grande ?

Une forte odeur de tabac caporal a envahi le couloir et le salon.

Qu'as-tu, que t'est-il arrivé ? dis-je, avec le cœur qui bat.

Il sourit. De quoi parles-tu, ah oui, je travaillais, je fume un peu quand je travaille. (Papa, pourquoi éprouves-tu le besoin de te justifier devant moi ? C'est tellement vexant pour tous les deux.)

Bon dieu, papa, tu t'es vu ?

Non.

Il sourit avec une tendresse mêlée de taquinerie.

Je suis mal coiffé ?

Tu as un trou dans le front.

Son visage prend une expression gênée, une expression d'enfant qui n'a pas réussi à cacher quelque chose.

Ah bon, ça se voit encore ?

Tu as un trou énorme.

N'exagère pas, d'ailleurs je ne sens rien.

Il porte la main à son front.

Cela ne saigne presque plus, je cicatrise très vite, tu sais.

Sa main est presque entièrement bleue.

Tu as d'autres blessures ?

Mais non, ne fais pas tout ce cinéma, je suis tombé durant la nuit, cela arrive. Le lit est haut, je me suis mal rattrapé, tu sais que je ne tiens pas debout. Un petit malaise vagal, rien du tout. Une maladie de femme enceinte.

Nous nous asseyons en soupirant, si mécontents l'un de l'autre.

Tu prendras bien un peu de thé vert, j'en ai racheté, dit-il. Cela ne t'ennuie pas que je fume une pipe ?

Non, pas du tout. (Ça me donne envie de vomir.)

Je fume vraiment très peu, tu sais, un paquet de tabac me dure une semaine.

Je retiens mal mon scepticisme. Mon père s'adosse au coussin, il croise un peu la jambe, il tire sur sa pipe, un whisky serait mieux adapté à sa représentation mentale, tellement touchante, on voit comment, les années passant, nos ombres se glissent dans les représentations anciennes que nous avions de nous. Nous buvons notre thé, et je prends mon élan.

Tu ne mets pas le bracelet ? Je ne te le vois jamais au poignet.

Je le mets le soir.

Il n'a pas sonné quand tu es tombé.

Oui, c'est vrai. Tu as raison.

Il hésite.

J'avais oublié.

Chemin faisant il vit le cou du chien pelé.

« Qu'est-ce là ? lui dit-il. – Rien. – Quoi, rien ? – Peu de chose.

Mais encor ? – Le collier dont je suis attaché
De ce que vous voyez est peut-être la cause.
Attaché ? dit le loup. Vous ne courez donc pas
Où vous voulez ?

Je n'écoute pas les explications emberlificotées de mon père, je me récite notre credo :

Attaché ? Vous ne courez donc pas
Où vous voulez ? – Pas toujours ; mais qu'importe ? –
Il importe si bien que de tous vos repas
Je ne veux en aucune sorte

Et ne voudrais pas même à ce prix un trésor. »

Tu sais très bien que c'est moi qui ai voulu vous rassurer en m'équipant de cet arsenal électronique, dit mon père, non sans reproche.

Et il dit vrai. Nous n'osions lui en parler, nous n'osions le lui proposer, nous tergiversions et cherchions des astuces pour le convaincre, il s'est renseigné sur les différents systèmes existants, a choisi la société qui lui proposait le meilleur contrat, a donné nos noms, nos numéros de téléphone. Le bracelet déclenche une alarme au central de la société qui appelle alors les proches dans l'ordre de son fichier, il faut prévenir quand l'on s'absente, le client doit également prévenir s'il ôte le bracelet pour une raison ou une autre, un déplacement ou un voyage, et l'entreprise fait des sondages de temps en temps pour tester le dispositif.

Tout cela a été installé dès le début novembre (je crois), et nous avons reçu un courrier.

Le bracelet, je le vois de mon fauteuil. Il est sur le bureau.

Au milieu des trombones, des porte-papiers, de la boîte en dent de morse gravée, du sous-main, des vieux stylos, des fils à l'usage obscur, des petits objets sans nom.

Il n'a pas souvent servi, me dis-je.

Ah, je voulais te prévenir, dit mon père en tirant sur sa pipe, d'un air dégagé. Samedi soir, je vais chez des amis experts, c'est à Versailles, ils passent me chercher, je dors là-bas, ils me ramènent. On fait une sorte de réunion sur l'expertise, une commission, et un dîner.

Mais oui, dis-je, il doit y avoir des fleurs, de l'herbe verte, des pelouses et des pommiers, vous vous promènerez peut-être. Pourquoi n'y vas-tu que le soir ? Pourquoi n'y passes-tu pas la journée ?

N'essaie pas d'appeler ici.

Bien sûr. Pourquoi appellerais-je ?

*

Nous avons rendez-vous dans le parking souterrain de la place Saint-Sulpice. Nous avons loué une voiture pour aller à la campagne, à l'occasion du 1er Mai. Nous allons revenir sur les traces de la vie qui s'est arrêtée là-bas aux alentours d'Échouboulains, et je m'empêche d'admettre que j'ai peur, que la route et ses ruisseaux de sang séché m'obsèdent, que les virages m'obsèdent, et la maison fermée depuis des mois, et les chaussures de marche de maman dans la petite penderie.

Mais le week-end du 1er Mai est souvent beau et chaud.

Ne sois pas une larve, en route ! me suis-je dit. Marchons comme autrefois, ensemble, pour un 1er Mai de lutte. Autrefois, en vérité, nous le passions dans les sous-bois, pour cueillir des milliers de brins de muguet que nous disposions en choux-fleurs, les clochettes au milieu, les feuilles tout autour. C'était moche. J'adorais cela. Encore aujourd'hui je ne peux y penser sans émoi. Nous savions où étaient les coins à muguet, nous savions les repérer de loin, une disposition du sous-bois, des tiges avec des feuilles vertes longues et isolées sous les restes de feuilles mortes. Et soudain surgissaient, comme de nulle part, la flaque magique de clochettes blanches, le merveilleux parfum de muguet, presque égal au lilas, et cela nous rendait folles de joie.

La voiture nous attend là, au premier sous-sol.

Elle est grise et vaste et une jambe de mon père dépasse de la portière gauche ouverte. Je reconnais son pied, chaussé d'une chaussure de bateau jaune aux rebords usés.

Ah, te voilà, dit-il.

Je comprends en cet instant combien le volant lui manque, le siège de la voiture, l'odeur de la voiture, être un corps dans une voiture.

Même le levier de vitesse lui manque, qu'il est en train de caresser machinalement. Et cette vision me brise le cœur.

Il rit.

Tu es en avance, tu avais peur que je parte seul, que je m'enfuie au volant de cette merveille.

Évidemment, dis-je. C'était un risque à courir.

Il sort de la voiture, il fait le tour, je m'installe au volant. Et nous démarrons.

Les enfants jouent à l'arrière, mon père est assis à l'avant, sa canne sur les genoux, son sac dit mes poches sur les genoux. Un ami nous a accompagnés, il est mon garde du corps, cette maison ne lui fait pas peur, il n'y a rien laissé, il ne la connaît pas.

Les maisons des autres sont comme les familles des autres : inoffensives. Charmantes et inoffensives. Leur poison ne peut agir.

Nous nous perdons.

Je ne suis pas si pressée d'arriver. La forêt est traversée de rayons.

Parfois on voit des biches, dis-je aux enfants qui ne me croient pas. Des biches, des lièvres, des poules d'eau, des faisans. Des sangliers, qu'on nomme *cinghiali* en italien.

Et je me gare dans le verger. Nous descendons, l'herbe est haute et humide.

Je tourne la clé. La barrière s'ouvre.

Je n'ai pas vécu ici depuis longtemps. J'y pense comme à un château dont le pont-levis est levé, dont les hauts murs sont entourés de douves, dont les crénelures sont menaçantes.

C'est juste une ferme briarde, blanche et plate, avec une cour en gravier, des murs de vigne vierge, des pelouses où poussent les trèfles à quatre feuilles et les pâquerettes, des plates-bandes d'iris indécents et de dahlias rustiques.

Les fantômes y coulent des jours tranquilles, le téléphone est caché dans le placard du salon, la table de bridge ne sert plus depuis longtemps, pas plus que le ping-pong, les vélos aux pneus crevés, ou la piste en béton où nous faisions du patin à roulettes.

Nous nous installons.

À petits pas, nous marchons sur la route convexe, nous traversons le village moribond pour manger des frites au Tabac-Café-Restaurant de l'Église.

Dommage qu'ils ne cuisinent pas de poisson à la vapeur, dit mon père, narquois, en trempant une frite dans le ketchup.

Ils parlent entre hommes, je me repose. Il fait chaud comme en été.

Nous passons des heures dans le jardin, les fenêtres vertes à petits carreaux sont ouvertes, les pommiers embaument, le cerisier du Japon a fleuri.

Viens avec moi à la cave, dit mon père, il faut sortir du vin pour ce soir. Il ouvre la porte en bois poussiéreuse de la cave, nous franchissons un voile épais de toiles d'araignée, les marches sont usées comme de vieilles dents, et glissantes, nous allons tomber j'en suis sûre.

Les garçons pourraient y aller, dis-je.

Mais nous descendons, je me heurte le crâne à la voûte calcaire (par pur esprit de sacrifice). J'ai aimé dessiner des marelles avec des bouts de cette voûte crayeuse.

Les bouteilles ont l'air pourries, dis-je.

Les casiers de pommes sont amochés. Les vieux outils sont pris dans une gangue de poussière mortelle.

Pffuii, quelle citadine, remarque mon père enchanté.

Et je porte un casier de bouteilles pour le dîner.

Six, ça suffira, tu penses ? demande papa.

Le soir, il attise le feu qui monte haut dans la cheminée. Il a aligné sur une étagère les bouteilles remontées de la cave, et les a ouvertes.

On ne va pas boire tout ça, dis-je horrifiée.

Le lilas et les églantines parfument la nuit transparente.

Hélène, où es-tu ?

C'était vraiment leur maison à tous les deux. Ils prenaient la voiture tous les samedis à seize heures vingt. Mettaient le dîner dans le coffre, les journaux, le sac. Arrivaient à dix-sept heures trente, vaquaient à leurs affaires (et je ne peux dire lesquelles puisque je n'étais pas là). Rapportaient des fleurs le dimanche soir. Mais non, il n'y a pas d'embouteillages, c'est une légende, disaient-ils d'une seule voix.

Je suis vraiment très content que vous soyez là ce soir, dit papa, en tirant sur sa pipe après dîner.

Il est dans son fauteuil sous la lampe, tout a l'air éternel.

Cette soirée est torturante et l'effort qu'il faut faire pour ne pas pleurer est effroyable.

Le lendemain, le soleil brille, la pelouse étincelle, et c'est encore pire. Mais je dis faux : parce que c'est bien. Nous escaladons les rochers comme autrefois, nous sautons par-dessus les rochers, nous courons dans la forêt. Avant de rentrer, avant de reprendre la voiture, mon père se coince les doigts dans les volets. De toutes ses forces.

*

Mon père est assis sur son couvre-lit en peluche rouge, sur son haut lit hérité de la chambre d'enfant où il s'est installé pour dormir, sans la changer, sans rien toucher, même pas l'affiche qui représente une voile blanche sur l'océan, ni la photo ensoleillée de Lily, un fichu sur les cheveux, sans rien ajouter, hormis les dossiers, les classeurs, et des ordinateurs, pourquoi faire d'inutiles travaux ?

Sur la tablette, le *Bardo-Thödol*, un essai d'Élie Barnavi, un livre de Patrick Weil, une histoire de la nationalité française depuis la Révolution, intitulé *Qu'est-ce qu'un Français ?*, le *Journal* d'Hélène Berr. Deux réveils. Des bouts de papier où sont gribouillées des phrases sibyllines.

Il est soucieux. Il ne m'attendait pas à quatre heures de l'après-midi. Il est content de me voir, tu ne me déranges jamais, mais il tient à me montrer que je le dérange. Sans en être dupe, pourtant, tout à fait.

Je n'arrive pas à faire tout ce que je dois faire, dit-il misérablement.

Son téléphone portable sonne. Il bondit, je tremble. Il cherche l'appareil partout, la sonnerie nous harcèle, il trouve la bestiole au fond de son sac noir dit mes poches et décroche nerveusement, mais il n'y a plus personne. Il s'acharne sur l'appareil.

Qu'est-ce que c'est encore ?

Il est inquiet. Il s'acharne, il rappelle, j'entends une sonnerie qui se perd dans le vide.

Que veux-tu que ce soit ? dis-je. Qui veux-tu que ce soit ?

Je le regarde rassembler ses affaires, je me souviens de cette inquiétude, de ce doute qui parasitent chaque mouvement quand on est (soudain) vieux ou malade, je me souviens de les avoir si souvent observés le cœur serré, observés en faisant toujours semblant de ne rien voir, de ne pas sembler attendre. Nous dissimulons nos trébuchements, nos faiblesses, et n'avons pas d'indulgence pour qui nous les fait remarquer.

Je feuillette des livres dans l'entrée.

Mon père me rend le *Journal* d'Hélène Berr que je lui ai prêté, sûre qu'il serait ému par cette jeune fille qu'il aurait pu connaître, qui avait son âge, ou trois ans de plus, et une famille très semblable.

Tu as aimé ?

Pas du tout. Je ne comprends pas pourquoi tu m'as prêté ce livre. Je ne comprends pas pourquoi on publie de telles sottises. Une petite jeune fille écervelée. Ses stupides problèmes de cœur. Ce n'est pas Etty Hillesum, permets-moi de te le dire.

Je ne discute pas. Je pense quel macho, je pense aussi qu'il n'a pas tort. Qu'au moment où Hélène Berr se pose assez peu de questions, il est au maquis.

*

Allons nous promener, veux-tu, dis-je, il fait si beau.

La place du Panthéon a des airs italiens, le vent est doux, des étudiants sont assis par terre, des Japonaises protégées par des ombrelles blanches battent le pavé.

Nous descendons la rue Soufflot, et nous arrêtons devant la pharmacie Lhopitallier, dont la façade et les bocaux médicinaux en forme d'alambics, remplis de liquides violets et vert foncé et bleu de Prusse m'ont tant fait rêver. J'étais sûre qu'il s'agissait de poisons mortels, au parfum d'amande amère. J'imaginais des crimes, des passions favorisées par l'ombre, la lecture assidue de *France-Soir*, les bruits de l'arrière-cour, et le commissariat juste à côté.

Qu'est-ce que tu racontes, l'acide prussique, qu'on nomme aussi (et plus scientifiquement) acide cyanhydrique, n'est pas bleu, il est incolore. Tu me déçois, je te croyais meilleure chimiste, me fait remarquer mon père.

Sa mauvaise humeur me donne des ailes, je pense qu'elle est signe de vigueur. J'insiste :

Le cyan c'est pourtant du bleu, si mes souvenirs sont bons. Cyan, magenta et jaune, les trois piliers de la couleur du monde. C'est une coïncidence bien étrange.

Nous ne tranchons pas.

Mon père a commandé des bas de contention. M. Lhopitallier le salue profondément, ses lunettes glissent, des lorgnons, il les ajuste et frotte ses petites mains contre sa veste de velours. Il a l'air de sortir d'une pièce de Tchekhov, et nous aussi, en vérité.

Nous faisons divers salamalecs qui agacent mon père, il n'en montre presque rien, tape le comptoir avec sa canne. L'apothicaire disparaît dans sa réserve, il va chercher l'objet. Il revient bientôt, en clignant des yeux.

Voulez-vous les essayer ? Voulez-vous vous asseoir ?

Mais non, mais non, grommelle mon père, je n'ai aucun besoin de votre tabouret.

Il essaie d'enfiler les bas noirs debout sur un pied, mais ce sont de vrais bas, des bas de femme, qui n'en finissent plus, il y a même une sorte de dentelle en haut, et mon père est effleuré par un soupçon.

Vous êtes certain que c'est ce que l'on m'a recommandé ? Il est écrit *bas*, mais cela signifie *chaussettes*.

Il flaire un piège commercial. M. Lhopitallier est ennuyé, l'embarras est dans sa nature, et l'a même envahie.

Comment ? dit-il, faisant mine de ne pas entendre. Comment ? Que dites-vous ? Je ne sais pas, dit-il en s'endormant quasiment sur place tant tout cela l'assomme, c'est ma femme qui s'occupe de cette sorte de choses. Vous savez que je n'y vois guère. Des bas, des chaussettes, je ne sais pas, moi. L'essentiel c'est que cela vous soigne, cher monsieur, que cela vous protège.

Mais l'essentiel, pour mon père, est de ne pas être vêtu à son insu de bas de femme, avec de la dentelle noire, et nous quittons dignement les lieux.

Maman me disait bien qu'il était gâteux, le pauvre homme, note mon père, non sans satisfaction. Je ne sais pas comment sa malheureuse femme le supporte. Toujours à geindre, à se plaindre de ses maladies et à faire le point sur les morts du quartier.

Et, ragaillardi, il me cite de mémoire une scène entière de *Knock* de Jules Romains, il prend la voix de Louis Jouvet, notre dieu. Je retiens qu'un homme bien portant est un malade qui s'ignore.

Knock est un de ses classiques favoris, avec *Le Voyage de monsieur Perrichon*, d'Eugène Labiche, une somme sur les Alpes et la vanité, et *Le Sapeur Camember* dont l'auteur, Georges Colomb, dit Christophe, est sa source de citations favorite.

Comme tout cela est oublié, me dis-je, un peu triste. Bien que j'aie toujours détesté ces blagues potaches et pataudes, cet humour IIIe République, ces répliques si pleines de bon sens et d'esprit français qu'on entend les bonnes claques sur les cuisses qui les accompagnent (et les bourrades dans le dos pour les messieurs, et les tapes sur les fesses pour les dames).

*

Le téléphone portable de mon père sonne à nouveau.

Nous sommes en train de traverser la rue Saint-Jacques. Sans regarder ni à droite ni à gauche, mon père brandit sa canne, comme Moïse devant la mer Rouge.

Il s'immobilise au milieu de la chaussée. Des voitures pilent et des chauffeurs sortent la tête de leur habitacle pour hurler des insultes pénibles.

Mon père n'en a cure, et même il aime bien ces petites confrontations. Il dégaine son téléphone à la vitesse du cow-boy menacé.

Ce n'est pas le moment, répond-il à quelqu'un que je n'identifie pas.

Il a pris une voix sèche, il raccroche. Nous repartons. La circulation repart.

Blanc.

Où allons-nous ? Je sens bien que ce coup de fil plane au-dessus de nos têtes et obscurcit le ciel limpide.

À toutes mes propositions mon père oppose un argument lassé, non, pas le Luxembourg, trop de poussière, trop de monde, comment peux-tu aimer autant un endroit aussi vulgaire ? Les parcs, je n'ai jamais aimé, non, pas de salon de thé, il y a dix sortes de thé à la maison, et des gâteaux bretons. Cela ne coûte rien, et on est bien plus tranquille.

Un petit tour en librairie ? Je voudrais t'offrir un livre.

Non merci. Tu sais bien que j'ai vingt livres en retard. Je n'y arrive plus avec mes yeux.

Alors nous retournons vers l'École polytechnique, et mon père me montre une fois de plus la fenêtre par laquelle il faisait le mur. Nous passons devant l'église Saint-Étienne-du-Mont, et saluons la mémoire du restaurant Le Vieux Paris où il avait sa table, et qui a fermé.

J'ai voulu un moment acheter un petit immeuble délabré qui s'élevait juste là, dit-il, en me montrant un angle derrière l'église, je vous aurais tous logés.

Un ange immobilier passe. Mon père nous imagine un instant rassemblés, tous, autour de lui, une famille par étage, les filles, les gendres, quelques nièces, des enfants dans les escaliers. Un autre temps, qui n'a pas existé.

Vous n'auriez pas voulu, dit-il.

Mon estomac se serre. J'aimerais être cette autre personne, qui aurait voulu de cet avenir-là.

Nous flânons rue du Cardinal-Lemoine. Ici vivait Valery Larbaud, dis-je, émue. Valery Larbaud que presque tout le monde a oublié, parce qu'il était modeste, et secret, parce qu'il vivait à Vichy le plus souvent, et que c'était, comme on dit, un écrivain pour écrivains. Je ne sais pas pourquoi on ne lit plus Larbaud, si moderne, si subtil, si sympathique.

Enfantines, dis-je à mon père, est un pur chef-d'œuvre.

C'est ce que ta mère disait toujours, répond-il, avec flegme et une réelle indifférence.

Nous entrons tranquillement dans les cours fleuries, avec leurs treilles et leurs bassins, nous visitons les impasses pavées, nous passons devant la maison où vécut Ernest Hemingway, avec sa femme Hadley, et mon père psalmodie

et c'était le Paris de notre jeunesse,
quand nous étions très jeunes et très heureux.

N'était-ce pas très pauvres, dis-je, très pauvres et très heureux ?

On vérifiera en revenant, dit papa, qui adore vérifier des choses. Ernest Hemingway veille sur nous, son ombre énergique fait surgir le Ritz, la Coupole, la Closerie des Lilas et la guerre, nous pouvons à nouveau rêver ensemble.

*

Nous remontons dans l'appartement. Mon père allume l'ordinateur, qu'il serait plus exact de nommer le mammouth, il allume le mammouth, une antédiluvienne machine, qu'il défend bec et ongles contre mes sarcasmes.

Elle marche très bien. Que lui reproches-tu ? Pourquoi faudrait-il acheter sans cesse du nouveau, remplacer sans cesse des objets qui servent encore ? Pourquoi mettre au rebut des appareils solides, et qui fonctionnent parfaitement ?

Je vois bien qu'il défend sa cause, à travers celle de l'énorme bête à la lourde carrosserie, avec son écran convexe et trouble et son gris décourageant.

(Mon père a toujours été hostile à la retraite des objets aussi bien que des êtres humains. Comme je le comprends. J'ai gardé une infinie tendresse pour ma petite machine à écrire Canon. Je ne m'en sers plus car on ne peut plus lui trouver de cartouches, je l'ai cachée, comme un vieux revolver, sous une armoire.)

Rien. Je ne la critique en rien, dis-je lâchement.

Nous n'aimons pas qu'on s'en prenne aux choses qui nous ont accompagnés. Qu'on nous les ôte, qu'on nous brusque, qu'on nous force à changer nos habitudes.

Nous enquêtons sur le sieur Ernest Hemingway. Des affaires de duel avec un mécanicien polonais qui l'a traité de bourgeois et de capitaliste, ou avec un journaliste. La poésie des duels. L'écureuil empaillé couine à l'entrée du bureau chaque fois que je passe devant lui.

Ernest Hemingway aurait aimé cet animal, j'en suis sûre, lui qui adorait embêter les tortues et les hérissons. Les dossiers d'expertise judiciaire, des mètres cubes de papier, des dizaines de mètres de rapports, de plaidoiries, de pièces à charge et à décharge, nous encerclent.

Je lorgne les tiroirs pleins de trombones et de pièces de monnaie périmées et de fils qui ne servent à rien ou peut-être à quelque chose, mais quoi.

Tu as conservé des armes, mais où les mets-tu, où sont le revolver, les pistolets, le fusil de chasse ? dis-je, amusée, repensant à notre voyage d'hiver chez Anton Tchekhov.

Évidemment que je les garde, dit mon père en haussant les épaules. J'ai un permis de port d'armes. Je te rappelle que j'ai été menacé à plusieurs reprises.

Tu me les montres ? dis-je pour jouer. Et ton gyrophare, tu l'as toujours ?

Il fronce les sourcils. Il trouve que je prends tout à la légère. Il trouve que les choses sérieuses ne peuvent être confiées à des personnes aussi désinvoltes et taquines.

Mon gyrophare ? Bien sûr que je le garde. Cela peut être très utile. Souviens-toi du jour où Bérénice avait tant de fièvre. Où ses jambes ne la portaient plus. Ce boîtier bleu l'a peut-être sauvée.

Je repense à ces occasions où il a sorti le gyrophare de la boîte à gants, le geste pour le poser sur le toit de la voiture est très gracieux, un mouvement de danse à mon avis.

Ne plus conduire, ne plus s'autoriser à prendre un volant, un tel renoncement ne se peut penser aisément ni sans pleurer. Mon père est un hors-la-loi déguisé en homme de loi, un franc-tireur habillé en Salomon laïque, un aristocrate revêtu des insignes de la République. J'ai longtemps été dupe de ses proclamations.

Aujourd'hui, je sais qu'il n'attache vraiment de prix qu'à sa liberté.

*

Passent les jours et passent les semaines. Nous avons poli nos habitudes. Mon père vivra, j'en suis sûre. Il faut juste qu'il se remplume, qu'il soit plus gai, qu'il souffre moins de son dos, de ses blessures, de ses yeux rétifs, c'est affaire de patience et de détermination. De foi et de baraka.

J'ai la baraka, assure mon père. Sinon, je serais mort depuis longtemps.

Ce disant, il a un hoquet, et moi, une douleur au côté.

Nous discutons de ses projets de vacances, oppressés par l'angoisse de l'été qui a surgi, le mois d'août est un défi.

Ce serait bien, une cure d'algues, de boue, de jouvence, je ne sais pas, des pierres chaudes, des massages.

Des massages ? En aucun cas ! Pour qui me prends-tu ?

Alors ce que tu aimes, la montagne peut-être. Et en Bretagne, quand iras-tu ? Peut-être pourrions-nous, pourrais-tu t'acheter des habits neufs pour l'été ?

J'ai encore beaucoup de choses à liquider, dit-il. Des comptes à faire, dit-il.

Je l'agace, je sous-estime les comptes à faire, délibérément.

Nous avons enfin réglé la succession de ta mère. (C'est la première fois qu'il en parle, et de mon côté je n'évoque jamais le nom de maman, ni ses affaires, ni sa mémoire, je n'ose pas, pas encore, plus tard oui, plus tard, me dis-je, il sera temps, j'ai trop peur de rouvrir la plaie, ou bien est-ce de la pudeur, ou de la lâcheté.)

Je comprends qu'il faut lui faire confiance, le laisser aller sur son chemin, lui foutre la paix. Alors je prends mes distances, nous nous voyons de moins en moins.

Je pense, avec une facilité déconcertante, à autre chose.

Un jour, je constate que le cahier où j'écrivais le journal de cette année terrible a disparu. Il s'est évaporé. Pffuit. Plus rien.

Je n'y prête pas attention. J'adopte à son égard l'attitude qui est mienne vis-à-vis de toute perte : détourner la tête. Oublier. S'en passer. Je m'en passe, je n'écris plus rien.

*

Je suis assise dans la cuisine, cinq heures du soir en juin. J'aime travailler devant la fenêtre, bercée par le vrombissement léger du réfrigérateur.

Les deux pies qui ont fait leur nid dans le pin maritime planté sur la terrasse d'en face (il y a partout des arbres en suspension dans la ville, quelle merveille) viennent mendier des graines de tournesol et des miettes de noisettes. Elles sont mystérieuses, inséparables et élégantes, leur œil noir qui me fixe est mystérieux. Je leur prête les meilleures intentions. Je suis fière qu'elles m'aient à la bonne. Je les nomme Remus et Romulus.

J'ouvre un placard pour les nourrir, et encourager l'amitié de ces dieux lares. Un nuage de minuscules insectes volants me saute à la figure et m'enveloppe. Je me jette en arrière et je crie.

Le placard est rempli de larves, des vers blancs à tête noire, les paquets de céréales en débordent, l'étagère est un tapis mouvant. Les mites ont surgi du néant.

Tu as pourtant bien fait quelque chose pour les attirer ? Tu ne nettoies jamais tes placards.

Si bien sûr.

Non, forcément, sinon tu aurais détecté leurs avant-postes, tu aurais repéré les pionnières. Tu n'as rien vu ?

Non, je ne les ai pas vues venir.

J'en tue au hasard quelques centaines, le torchon s'abat sur elles, elles gisent au sol, je les noie dans l'eau de Javel, l'estomac au bord des lèvres, je tue, je tue, je tue.

J'ouvre d'autres placards, l'ennemi est là aussi. Et dans le bac à légumes, les casseroles, dans les paquets de pâtes, et ceux de riz, sur les planches où s'entassent pêle-mêle le sucre et le poivre, le cumin, le bicarbonate, les baies roses, le sel de mer, le curry de Madras, le Doliprane, les pots de miel de trèfle, les graines de coriandre, la cardamome, le thym, la vitamine C, la cannelle et l'Alka-Seltzer.

Les flacons sont collants et couverts des petites cloques de la bête en cours de reproduction. Mes yeux se portent sur le mur, là-haut, une longue ligne serpente, une procession démoniaque de vers blancs à tête noire.

Je ferme la porte, je fuis.

Les mites sont une plaie cent fois pire que les sauterelles, les taons, la grêle, les moustiques, et même les grenouilles. (Je n'ai pas une passion pour les taons, cela dit.) Je me demande comment l'Éternel n'y a pas pensé, Pharaon aurait réagi beaucoup plus vite.

Les mites, comme les poux, sont un déshonneur, un secret répugnant, les gens se détournent quand on leur en parle. Impossible de plaider l'innocence.

Ma maison pleine de vers blancs agonisants, d'ailes poussiéreuses de mites adultes mortes en plein vol, de traînées blanches suspectes, est un symptôme de mon impuissance, et de mon chagrin. Son expression la plus criante.

Je verse des litres d'eau de Javel bouillonnante au sol et j'en frotte les murs. Je jette toute la nourriture, le sel, le poivre, les pâtes, les oignons, le riz, les pots de confiture entamés et ceux qui ne le seront jamais. J'emplis des sacs-poubelle. Désinfection générale.

En maillot de bain et pieds nus, je passe au jet la cuisine, je traque les serpents blancs sur les murs de l'entrée. Je jette, je jette, je jette, vite, vite, et secrètement, tandis que mes oreilles résonnent de toutes sortes de reproches, de critiques, et de protestations. *I don't care*. À mort la mort.

*

J'ai invité les Butor, dit mon père. J'irai d'abord l'écouter parler à la Sorbonne, il reçoit une chose honorifique, il fait un discours, ils m'ont gentiment envoyé une invitation. Puis nous dînerons à la Closerie des Lilas. Voudrais-tu être des nôtres ?

Bien sûr, dis-je et je m'en réjouis. Un dîner dehors, c'est la vie rassurante.

Michel Butor est un mythe familier, son rire d'ogre m'effrayait quand j'étais petite. Plus tard j'ai recopié des pages entières de certains de ses livres. Il parlait avec génie des contes de fées, de Jules Verne, oui, mais surtout des contes de fées, me souvient-il. De Balzac et la reine Mab.

Tu ne te rends pas compte, dit mon père, tu ne te rends pas compte de son importance. C'est sûrement l'ami de ta mère le plus génial. Et la concurrence n'était pas négligeable sur les bancs de la Sorbonne, et sur les bancs de l'amphithéâtre de Sainte-Anne. (Passent les ombres de Jean-François Lyotard, de Gilles Deleuze et de François Châtelet. Les copains de maman. Disparus.) Michel Butor, nous avons toujours su que c'était un génie.

Je vois bien. Il est devenu un monument, dis-je, et pourquoi pas ? Un monument en salopette d'artiste, avec des tas de poches cousues spécialement pour y ranger des crayons, des calepins et de petits outils, un monument orné d'une barbe hugolienne, et protégé des trous à ses chaussettes, des embêtements, des coups de fil à passer, des légumes à éplucher, des billets à prendre, des mines de crayon cassées, des courses à faire, des doutes, des angines, des hésitations à prendre un parapluie, des importuns, et des factures à payer, par une femme dévouée.

Tu es malveillante, tu es mesquine, je n'aime pas cela, dit papa. Elle a dédié sa vie à son grand homme. Qu'y trouves-tu à redire ?

Énormément de choses, dis-je, mais n'en parlons plus.

Nous nous donnons rendez-vous.

La soirée est belle et douce, je les trouve tous les trois en train de boire l'apéritif, Michel Butor a les joues roses, le ventre rond sous l'empiècement de sa cotte grise, une salopette du soir, il sourit aux anges, il évoque les hommages qui lui ont été rendus aujourd'hui. Elle en profite pour rappeler quelques réjouissances récentes, des colloques en l'honneur de ce même Butor, qui est son époux depuis plus de cinquante ans, peut-être cinquante-cinq, cet heureux temps, ce temps si ancien, une exposition que nous ne devrions manquer sous aucun prétexte. Ils ont l'air heureux.

Vous ne pouvez pas imaginer le nombre d'universités qui réclament Michel partout dans le monde, dit-elle, avec gourmandise. Et nous adorons voyager.

Nous partons vers la Closerie des Lilas. Mon père a l'air épuisé, il est pâle. Il vacille sur sa canne.

Nous nous installons. Nous sommes adossés à un rideau de verdure, la verrière est illuminée, la glycine dégouline, les nappes sont blanches et les chaises rouges. C'est la meilleure table, dit le maître d'hôtel, nous sommes si contents de vous voir. Cela fait longtemps.

L'Inde nous a éblouis, raconte Butor, une civilisation étonnante, des civilisations plutôt, des mythes passionnants, le Gange, les temples, les crémations, sans parler des singes qui nous volaient nos affaires. Pas assez de mots pour décrire la gentillesse des étudiants, sans parler des amis.

Si on commandait le dîner ? propose mon père dont je crains qu'il ne défaille d'ennui.

Je crains aussi que les Butor ne sortent des photos, mais ils ont changé de sujet et, en mangeant d'excellent appétit, ils évoquent les joies que leur donnent leurs enfants, les étés dans le Sud-Ouest avec leurs petits-enfants, les travaux dans la maison.

Ils resplendissent.

Ils ne posent aucune question.

Ils sont à leur affaire.

Mon père est maintenant jaune citron. Il paie le dîner, attrape sa veste, se prend les pieds dans les lanières de son sac, au revoir, au revoir, et nous marchons dans la nuit, clopin-clopant.

Quelles âmes desséchées, dis-je, quelle aura de vanité efficace, comme on dit la grâce efficace.

Ta mère avait raison, murmure mon père, la littérature durcit le cœur, les écrivains sont des monstres d'indifférence. C'est ce qu'elle disait toujours.

Il y a des boulangers d'une cruauté extrême, dis-je, et des fleuristes nazis.

Mon père trébuche une fois encore, l'alcool, la fatigue, le chagrin, nous sommes devant sa porte, je pianote pour l'ouvrir.

Michel Butor était son meilleur ami, et il n'a même pas prononcé son prénom, murmure-t-il.

Par pudeur peut-être, dis-je.

Mais j'ai des doutes.

L'été

Mon père, dans sa djellaba immaculée (qu'il désigne, je ne sais pourquoi, d'un mot plus noble que je n'ai jamais pu retenir, sa djellaba qui lui donne un air de prince marocain dans son riad) est assis dans un fauteuil d'osier, orientation nord-nord-est, sous le soleil qui monte.

Devant lui un plateau, du café, un morceau de pain, un bout de fromage. Il fait face aux mâts et aux haubans qui crépitent en contrebas, au vieux môle où stationnaient autrefois les thoniers et les sardiniers, il fait face à la plage de l'Aber et à celle de Postolonnec, que l'on nomme Posto, il fait face au grand épicéa qui lui bouche à moitié la vue. Je te salue vieil océan. Il peut rester infiniment immobile, à contempler la baie. À observer les variations stupéfiantes des couleurs d'une eau souvent méconnaissable. À veiller sur les voiles.

Il me semble qu'il pourrait passer ainsi le reste de sa vie.

Tirant sur sa pipe, lissant sa barbe, et pensant.

Cela pourrait durer cent ans.

*

Cet été-là, il pleut sans cesse.

Nous restons dans nos chambres peintes en blanc, nous faisons les cent pas dans nos chambres aux plinthes vertes, de la fenêtre carrée à la petite table en bois, et de la table trop étroite au lit trop mou. Nous faisons semblant d'aimer cette vie humide et recluse. Nous écoutons les bruits que font les feuilles qui bouchent les gouttières, nous ouvrons des livres aux pages jaunes et gondolées, les caractères d'imprimerie vacillent, nous regardons le plafond à caissons, allongés sur les tomettes rouges et glacées. Nous faisons des mouvements de gymnastique par hygiène et habitude, et pour ne pas rouiller. Nous ruminons des phrases encourageantes de Blaise Pascal sur le divertissement.

Un jour, il y a une fête, pour l'inauguration d'un chalet. Et ce jour-là, forcément, il pleut tout autour dans les bois. Nous montons en glissant dans la boue.

Je regarde la mer derrière nous, presque noire. Les maisons à vendre, sur les côtés de la route de terre, ont des airs hantés. Le vent bat leurs fenêtres, et incline vers leurs murs de granit les grands arbres malades, aux branches trop maigres, qui les entourent.

Mon père a tenu à mettre son costume blanc en lin, il est élégant et fragile. Son foulard glisse le long de son cou. Il peine à monter la côte. Il souffle, il cache sa fatigue. J'aurais dû prendre la voiture, me dis-je, comme je suis inattentive.

Le long du chemin dévalent des rigoles d'eau brune où flottent, pirogues et kayaks minuscules, des aiguilles de pin.

Nous arrivons les derniers. Mon père, comme si de rien n'était, avec une aisance de montagnard, une aisance de patriarche, coupe le ruban rouge sous les applaudissements, un nid s'écroule sous le choc, les écureuils des alentours s'enfuient, il baptise la maison avec grâce.

Nous buvons du muscadet et du sauvignon, du cidre et du jus de pomme.

La famille est rassemblée pour inaugurer ce chalet de bois bâti par l'un d'entre nous. Une petite maison neuve cachée dans la forêt. Un cube posé sur la colline, entouré par la forêt, les chevreuils, les renards et les écureuils, un cube qui incarne l'avenir, un futur possible. Un lieu où vivre.

Et cette possibilité délie les langues habituellement embarrassées. Dans notre famille, on ne parle pas beaucoup. Toujours peur de faire une gaffe (et le fait est, indiscutable, que nous en faisons beaucoup), toujours peur de dire quelque chose qu'il ne faudrait pas (et l'on ne peut nier que la plupart d'entre nous commettent un grand nombre d'impairs, et passent leur vie les pieds dans le plat).

À force, plus d'idées sur ce que l'on pourrait dire. Et donc nous nous taisons, baissons nos mentons calvinistes, nos visages confits d'embarras, rabattons nos mèches de cheveux sur nos figures, allumons des cigarettes à la chaîne, rentrons nos poitrines, tripotons n'importe quoi, et attendons que ça passe. Nous sommes plus à notre aise avec les chiffres, qui ne mentent pas.

Assise sur un canapé Ikea qui sent encore le plastique, une coupe de champagne jetable à la main, ma cousine Francette Lazard murmure : Sais-tu pourquoi nous ignorons presque tout de nos origines ?

Ma cousine Francette est la petite cousine préférée de mon père, une dirigeante communiste, membre de la direction du Parti pendant tant d'années. Une femme de cœur.

J'ai une théorie que je me hâte de lui exposer en regardant la pluie tomber plus fort que jamais sur la baie vitrée désormais aveugle et ternie. Je me suis assise à ses pieds, pour être plus à l'aise, je me lance :

C'est à cause de notre chant de guerre favori : Du passé faisons table rase, foule esclave debout debout, le monde va changer de base, nous ne sommes rien, soyons tout ! C'est à cause de la *tabula rasa*, qui nous attira si fort.

Mais non, dit-elle, le chant est la conséquence. L'engagement révolutionnaire lui-même est peut-être une conséquence. La cause est autre, tout à fait autre.

Elle vide sa coupe, et la pose sur une petite étagère en aggloméré. Nous avalons des olives.

Je comprends. Je me dis que nous ne voulions pas de ce passé qui nous incombe. Nous l'avons refusé de toutes nos forces. Nous ne voulions pas être les petits-enfants, ni les petits-neveux de ces célèbres banquiers, les frères Lazard, nous en étions pour certains honteusement fiers et pour d'autres fièrement honteux. Nous ne voulions pas avoir à nous expliquer sur nos origines juives, ni sur l'abandon que nous avions pratiqué de toute religion, nous ne voulions pas avoir de comptes à rendre sur la richesse perdue, puisqu'elle n'était plus, ni sur la richesse passée, puisqu'elle nous gênait, et s'il y a honte à être plus riche que les autres, parfois, il y a honte aussi à être des héritiers désargentés, par leur légèreté, leur incurie, leur philanthropie mal placée, alors le mieux pour ne plus se sentir coupable et entravé était encore de se choisir sans passé. Être sans passé, n'en rien transmettre, ni faute ni douleur, à nos enfants, c'est, croyions-nous, ce qui nous a rendus libres et eux aussi. Tournés vers l'avenir. Disponibles au futur.

Mais le résultat a été l'ignorance. Ne pas savoir qui nous sommes est notre patrimoine commun. Et cela pèse, et cela nous torture, et nous empêche de vivre. Nous imaginons des crimes qui n'ont sans doute pas existé, nous nous accusons de fautes que nous avons inventées.

Je sors sous la pluie, à la recherche de la cause des origines perdues, et me trouve trempée, face à l'océan boueux, aux vagues moutonneuses. Francette, qui se prénomme peut-être ainsi pour honorer le pays qui nous a adoptés il y a plus de deux cents ans, et qui a de l'affection pour moi et aime discuter, m'a suivie, elle me tend un ciré jaune.

Nous naviguons de conserve sur les flots agités de nos mémoires floues.

Nous sommes désormais assises sur un rocher, et nous contemplons la mer furieuse qui prend d'assaut la falaise. Des rafales de vent mouillé nous giflent. Nous serrons plus fort nos capuchons jaunes.

Chez nous, on ne pose pas de questions. Par politesse, et pour ne pas déranger. Par peur des réponses. Ou pour ne pas perdre de temps. Le temps précieux dévolu à l'avenir. Au travail d'accouchement de l'avenir. Ou pour échapper à plusieurs générations de contrôle absolu sur les vies.

Tu comprends, explique ma cousine. Et elle a le visage intense et rassurant d'une scientifique qui expliquerait une chose assez simple, comme le principe de Heisenberg, autrement appelé principe d'incertitude, ou comme la vieille et charmante loi de la réfraction de Snell-Descartes sur la symétrie entre rayons incidents et réfléchis (ma loi de physique préférée).

Tu comprends, dit-elle, et je comprends : l'avenir était la réponse. Le progrès était la réponse. La science était la réponse. Le bien commun était la réponse. Les autres, leur bien-être, leurs souffrances à travers la Terre entière, étaient la réponse.

Face à cela, quel poids pouvait avoir un petit tas misérable et cendreux de secrets ?

Ne pas se poser de questions était la réponse. Et sincèrement, tant que ça marche, ce n'est pas une mauvaise façon de vivre. Un peu comme les vers de terre sectionnés qui continuent leur route, j'avançais, nous avancions. Pas plus mal. Même pas mal eût été notre devise, notre slogan. En apnée, certes, et pourquoi pas ?

Tu crois que cela peut durer toujours ? dis-je.

C'est déjà fini. Le temps des questions est arrivé.

Avec le soir qui vient, le vent est tombé, la pluie s'est arrêtée.

Nous redescendons de la falaise et, trempées, nous rejoignons le chalet.

Dans la grande pièce qui sent encore le neuf, sur la longue table et dans l'évier, sur les rebords de fenêtre et les étagères, il n'y a plus que des assiettes en carton sales, des noyaux d'olives, des toasts de tapenade abandonnés, des verres où nagent des mégots dans une flaque de vin rosé.

Je prends la voiture pour ramener papa chez nous.

Je ne sais pas pourquoi, dit mon père, ce soir je suis si fatigué.

Et il disparaît dans le couloir, la porte de sa chambre claque. Je l'entends téléphoner.

(Comme j'aimerais que surgisse une fiancée secrète. Pourquoi n'apparaissent-elles pas, ces femmes dont j'ai toujours su que mon père était entouré ? Elles s'occuperaient bien mieux de lui que je ne peux le faire. Il y a là un ordre, une muraille impossibles à ébranler. On ne peut infléchir les trajectoires.)

*

Plus tard, le soir, je me renverse les poubelles sur la tête. Je sors dans le jardin noir et trempé, je saisis la poignée verte de l'énorme container. Je le pousse dans la pente qui monte, comme Sisyphe son rocher.

Le container bascule et me renverse sur la route mouillée. Les emballages, les épluchures, le gras du jambon, les mégots, les cotons souillés.

Car la faute toujours revient, la faute, même fausse, même inventée, quels que soient nos efforts pour la fuir.

Je me renverse les poubelles sur la tête, d'un mouvement trop hardi, et parce qu'elles sont trop lourdes.

Je reste longtemps allongée sous les ordures, je lèche le sang de mon visage, je ne veux plus bouger.

*

J'ouvre mon cahier. J'écris. J'ai passé mes genoux à la Bétadine, et mon visage à l'alcool dénaturé, j'ai tamponné mes paupières et jeté mon jean déchiré. J'ai lavé mes cheveux.

Dans ma chambre du premier étage, assise à ma table, seule comme une morte, j'écris.

Ce qui n'est pas écrit disparaît. (Ce qui est écrit disparaît aussi, le plus souvent. Mais d'une manière toute différente.)

J'ai le sentiment vertigineux d'un précipice derrière moi. Le rien qui vous rattrape. Le silence des morts.

Quand l'histoire se dérobe, par où chercher ? Vous n'avez pas posé de questions et soudain la politesse est battue en brèche par la mort qui n'est pas polie, par le temps qui n'est pas poli. Et les gens à qui vous aviez prévu de poser un jour des questions, pffuit, ils ont basculé, comme dans les fêtes foraines, du côté droit de la petite scène, dans le néant.

Je vous offre cette image, elle est l'exacte représentation de la vie humaine. Pouf pouf pouf, les petits personnages avancent, pouf pouf pouf, on leur tire dessus, ils s'échappent, pouf pouf pouf, et ils basculent. Plus rien.

Pendant que j'écris, de ma chambre du premier étage, en regardant par la fenêtre la nuit si noire, la mer si profonde, les lumières de l'hôtel en face, j'entends mon père marcher, à l'étage en dessous. Et tousser aussi. Je mets les mains sur les oreilles comme quand j'étais enfant. Les bruits me font peur.

L'écriture est un effort pour s'approcher de la ligne frontière que le secret le plus intime trace autour de lui, et la violer équivaudrait à une autodestruction.

Mais l'écriture est également une tentative pour que cette ligne frontière ne concerne que le secret le plus intime, tous les autres secrets qui entourent ce noyau et qui se rattachent partiellement à lui n'étant souvent que des embarras, des manquements difficilement avouables, il faut peu à peu les libérer du verdict de l'inexprimable.

Je ne cesse de creuser ma réflexion sur le travail de crabe de l'écrivain, sa lutte tangente pour approcher sa propre vérité. Garder l'oreille juste. N'obéir qu'à ses propres critères. Réunir dans une seule et même problématique les questions civiques et les questions littéraires.

Le passé n'est pas mort, ni même passé.

Parler avec ma voix, je n'ai jamais désiré rien d'autre et rien de plus, disait Cassandre. Il y a en moi quelque chose de chacun, aussi n'ai-je jamais pu m'attacher entièrement à quiconque, ni comprendre la haine qu'ils pouvaient me vouer.

S'identifier à chacun, n'avoir pour soi que sa voix, être avant tout vivante, ce qui signifie ne pas craindre de changer l'image que l'on a de soi-même. Tel est le testament si précieux de Cassandre qui refusa de se donner à Apollon pour le remercier de son don, et fut punie.

Le dieu lui cracha dans la bouche. Ainsi fut consacrée la parole libre et maudite de Cassandre à qui nous devons tant. La mère de tous les écrivains.

Je ferme mon cahier. Mais le sommeil me fuit.

Alors, dans la chambre du premier étage, dont la fenêtre donne sur la mer désormais plate et lisse et noire, piquetée seulement des rayons réfractés des lampadaires, et en tremblant un peu, à cause des croassements des corbeaux et des pleurs des goélands, je tente d'écrire l'histoire célèbre et si rassurante du Baal Chem Tov. Comme une berceuse avant d'aller dormir.

Il pleuvait tout autour dans les bois. Un certain jour, les fidèles se réunissaient, ils allumaient un feu, le rabbin disait une prière, et dieu leur apparaissait.

Le rabbin mourut, et bientôt on ne sut plus où était la clairière dans le bois. On alluma un feu, car on savait encore le jour. On dit la prière, et dieu apparut.

Le temps passa. On ne savait plus comment allumer le feu. Mais on savait encore le jour et la prière. Et dieu apparut.

Ensuite, on ne sut plus le jour, ni le lieu, ni les gestes. On disait juste la prière, et dieu apparaissait.

Un jour vint où l'on ne sut plus ni le lieu, ni le jour, ni les gestes, ni les mots exacts de la prière. Mais on savait encore raconter l'histoire, de mille façons différentes, dieu apparaissait.

Je ferme le cahier. Et je m'endors.

*

Il ne reste désormais plus que nous deux, mon père et moi, dans la maison bretonne. Le couloir résonne des départs qui ont eu lieu. Les fleurs fanent. Les plages sont vides. L'été s'enfuit. Nous durons. Rester avec mon père, rester ainsi ensemble, à l'abri du temps, le plus longtemps possible, c'est ce que je crois être mon devoir.

Chaque jour vécu est une victoire, et j'ai cette idée folle d'une provision de forces que nous faisons ainsi en vue d'autres batailles. Des réserves d'air iodé et salin, des réserves de forêt, des réserves de beauté, des réserves d'océan, de landes, de bruyères et de vagues, de promenades au milieu des fougères, de conversations. Mais où les met-on, toutes ces réserves ? Dans quelle partie du cœur ?

Chaque nuit, je fais des cauchemars. Des chiens ouvrent leur gueule sanglante.

Mais voici qu'une nuit, des cris me réveillent. Des hurlements. Des rires brutaux. Des exclamations. Des klaxons. Du verre brisé, des bouteilles je pense, jetées sur le lampadaire. La lumière qui s'éteint brusquement me réveille.

Je me rue à la fenêtre, sans l'ouvrir pourtant, et sans allumer la veilleuse. Je vois cinq voitures qui freinent brutalement. Chicanes de phares et portières qui claquent. Des hommes sont entrés dans le jardin. La barrière de bois noir bat comme une manche vide.

Ils allument des feux. Ils y jettent des branches sèches. Ils rient très fort. Ils se déshabillent. Ils dansent autour des feux et boivent. Ils jettent des canettes contre le mur de vigne vierge. Ils pissent dans le massif d'hortensias aux pétales bleus et dans le massif d'hortensias mauves, ils pissent face à la mer, ils pissent dans le feu, en vociférant des rires. Ils n'en finissent plus de pisser. Ils se jettent les uns sur les autres. Ils cassent des choses que je n'identifie pas, des bouteilles valsent, ils coursent un chat. Ils se battent. À plusieurs contre un seul. Ils le frappent. Puis la mêlée devient générale. Ces hommes dont je distingue mal les traits ont entre trente et cinquante ans. On dirait des cadres pris de folie. Ils sont juste devant notre porte. Ils hésitent. Ils s'engueulent encore, je ne comprends pas les mots. Leur ivresse me terrifie. Leur violence me jette dans une panique enfantine.

Cachée derrière le rideau minuscule de la fenêtre je regarde.

La peur me paralyse.

Je ne fais rien.

Sur la terrasse, le matin, face à la mer très basse, aux mouettes fatiguées, tout en buvant son café, en mordant dans son pain blanc et sec, en avalant son bout de fromage, mon père me dit qu'il a entendu des bruits bizarres.

Mais je me suis rendormi tout de suite, dit-il.

Pas moi.

Tu aurais dû m'appeler. Je t'aurais aidée si tu m'avais réveillé. Je serais sorti pour les faire déguerpir.

Ils nous auraient massacrés, pensé-je, mais je ne dis rien.

*

Par la fenêtre, je regarde la houle très proche, la mer est haute et grise. Des planches à voile croisent à quelques mètres, les vagues explosent et leurs éclaboussures jaillissent sur les badauds qui gloussent. Les nuages se précipitent on se sait où.

Je travaille. Je fais semblant de travailler. La frontière est parfois si fragile entre le travail et son imitation. Je recopie des phrases, du livre au cahier, du cahier au livre, la copie est le premier des gestes du scribe. Nous écrivons dans les ténèbres, nous faisons ce que nous pouvons.

Tout naît du plaisir à former des lignes de lettres sur la page. Des lignes comme nous les remplissions, enfants, des lignes de jambages et d'arrondis.

Je ne suis pas concentrée, les bruits d'en bas montent vers ma table.

Mon père fait un vacarme d'enfer. J'entends ses hurlements et ils me glacent.

L'escalier craque sous mes pas, le couloir est noir.

Derrière sa porte, j'écoute, il parle à une hot line, à une personne qui doit être au Maroc ou en Malaisie, il proteste, rien ne marche, et ne me dites pas que c'est une défaillance locale, non, oui, non, je n'ai pas de réseau, pas de connexion, mais enfin, qu'est-ce que vous croyez ? Vous allez me passer votre responsable, ça suffit maintenant, j'exige, oui j'exige que, vous êtes une imbécile, et je n'accepte pas que vous me parliez sur ce ton.

Il raccroche en criant, j'attends quelques secondes et j'entre, l'ordinateur est en bataille, l'écran est brouillé, papa est à quatre pattes sous sa table, la prise de téléphone dans une main, une poignée de câbles hérissés et emmêlés entoure sa cheville, ses pantoufles sont à l'autre bout de la chambre, ses cheveux sont dressés sur sa tête et son visage est blême, seules ses pommettes sont tachées de rouge.

Il n'y a pire offense que les mots que je voudrais prononcer. Je voudrais dire : Laisse-moi faire, s'il te plaît. Ces syllabes me brûlent les lèvres.

Le voir ainsi déjà, je ne le devrais pas. Même si je fais comme s'il n'y avait rien de plus naturel qu'avoir le pied pris dans un lasso de câbles téléphoniques. Quoi de plus normal que s'acharner sur une prise de terre, sur une prise péritel, sur une prise de téléphone, et de s'assommer ensuite avec un coin de bureau.

Ces gens sont stupides, dis-je.

Il n'y a qu'à installer une wifi, dis-je. Sans fil. Quelle douce expression.

On ira demain, dis-je.

Il balaie la phrase d'un geste hagard et furieux.

On ne va pas changer d'installation tous les deux jours. Cela coûte cher, figure-toi, ces abonnements.

Ses lunettes tombent, je ne les ramasse pas.

Je peux y arriver, dit-il. On m'a dit que ça devait marcher. Tout est en ordre. Les fils sont tous en place. Tous les protocoles. Les codes. Les réglages. Ça doit marcher. Je dois relever mes messages, tu comprends. Ma boîte va être submergée de spams. Des centaines. Il faut les détruire.

Oui.

*

Dès que j'ai le dos tourné, mon père respire, me semble-t-il, comment admettre pareille réalité. Il sort la pochette bleue de tabac caporal, il bourre sa pipe, cherche son briquet, promène la flamme sur le fourneau, se verse un café, et ouvre son ordinateur qui ne s'allume pas. Il essaie de mettre en route sa connexion qui échoue.

Juste après les repas, ou à tout autre moment, il y retourne.

Je vais me reposer, dit-il à la cantonade.

Et il se jette, c'est certain, sur la machine muette. Sur le tabac, le café, et l'ordinateur. La vie.

Parfois l'engin se met sournoisement en marche. Pendant quelques minutes tout fonctionne. Les mails pleuvent, les spams sont là, comme de la vermine. C'est cela le pire. Sinon il finirait par se lasser.

Je le comprends très bien. Je suis comme lui. Nous le sommes tous, je suppose. Habités par l'entêtement, ayant horreur qu'on nous dise quoi faire. Haïssant plus que tout les laisses.

Et si nous allions vers le phare, dis-je. Si nous faisions une promenade.

La lumière est si belle vers six heures du soir. Le ciel est presque toujours limpide, et l'air léger, la mer bleu foncé, et les voiles au large sont plus blanches. La promenade au phare est la plus simple des promenades que l'on puisse faire en partant de la maison. Quand j'étais enfant, je ne voulais jamais la faire. Elle passait par le vieux blockhaus, rempli de déjections, de papiers sales et de serpents, elle passait par le calvaire et son palmier, un christ très verdâtre, et une croix érigée là en 1920 par un ambassadeur nommé de Margerie, nous disait-on, pour remercier le ciel d'avoir sauvé ses fils. Mais les promenades que nous détestions enfants ont des charmes qu'on n'aurait jamais imaginés, et une douceur irremplaçable.

Nous montons au milieu des pins, des noisetiers, des buissons de mûres et des fougères, et bientôt une allée surgit, verte et droite, avec, au bout, la mer étincelante.

Mon père taquine avec sa canne les jeunes pins replantés après la grande tempête. Un chevreuil file. Des chiens aboient, le soleil descend un peu et nous éblouit. Nous bavardons. Nous disons gaiement du mal de quelques personnes. Nous dépiautons des gestes. Nous interprétons des destins. Et puis nous ne disons plus rien.

Arrivés devant la barrière bleue du phare si bien repeint qu'on dirait qu'il est faux, et, après une pause, nous entamons la partie de la promenade qu'il préfère, une descente à travers le Champ Vert.

Tu ne veux pas te construire une maison ?

J'aimerais dire oui, et cent fois je manque dire oui, non par désir, car je ne l'ai aucunement, mais pour le plaisir de rêver à voix haute et ensemble à des plans, des orientations de fenêtres, des trouées de lumière, des châssis, des poutres porteuses, des dalles, des planchers, une ou deux mezzanines, une baie vitrée, un vaste hublot, la tour d'une princesse, des marches, des voûtes, un mur peint, des chambres d'enfant, une bibliothèque qui monterait jusqu'au ciel et dont les étagères seraient déstructurées, de l'espace chauffable, des panneaux solaires, une cheminée. Nous pourrions évoquer une fois de plus les courbes du Bauhaus, les visions d'Auguste Perret, qui était communard et aimait le béton. Corbu, que papa n'appelle jamais autrement. La maison unique de Pierre Chareau, les villas gothiques et anglaises de Gaston Chabal, l'architecte brestois, ou Bernard Zehrfuss que j'admire tant, et que mon père appelle toujours l'élève de Pontremoli, ou le complice de Jean Prouvé. Il a tant construit que tout le monde connaît ses bâtiments sans pour autant le savoir, de Bordeaux à Tunis, de la Défense à Flins. Il y a le CNIT ou l'imprimerie Mame, dirais-je fièrement. Et mon père dirait alors pour la millième fois que le métier des ingénieurs et des architectes, ces frères ennemis, a la beauté des gestes anonymes, qui transforment le monde sans jamais signer de leur nom, sans qu'on s'en souvienne ou presque. Il y a des exceptions, dis-je. Mégalomanie ultime, dis-je.

Nous sommes dans le bois, nous marchons, nous essayons de ne pas trébucher, les chiens aboient là-bas dans la lande, le soleil est très bas, la lumière insensée enflamme la bruyère, ce moment ne cessera jamais.

*

Sur le chemin, nous avons croisé des voisins que notre couple clopinant (nos silhouettes) a émus, ou bien est-ce autre chose, de plus superstitieux. Nous sommes invités à dîner. Il me paraît qu'ils se disent, ceux qui nous assurent de leur compassion, de leur solidarité, ceux qui nous disent bon courage, qui nous offrent le couvert, nous proposent une tasse de café, qu'ils font, en nous accueillant à leur table, en prenant de nos nouvelles, une bonne action. Une mitsva laïque. Ce n'est pas tout à fait à nous que leur bonté s'adresse. Dans notre état, nous atteignons à une certaine dépersonnalisation.

Venez dîner samedi, cela nous fera plaisir.

Et nous acceptons.

À vingt heures précises, le jour dit, mon père est devant la porte de sa chambre, en costume beige, son sac noir dit mes poches pend à son bras, il tient de l'autre sa plus belle canne, il a un foulard sombre autour du cou.

À vingt heures quinze, je me perds dans la forêt. La route de terre est une impasse. Au bout, le gouffre, et l'océan. La voiture patine dans la boue. Nous repartons. La lumière décroît. Il fait presque nuit maintenant. Je conduis en marche arrière, comme on rembobine un film. Les chiens aboient comme tous les soirs. La lande est noire.

Je reprends mes esprits, retrouve la route, par hasard probablement. Nous roulons et bientôt les lumières des fenêtres indiquent que nous sommes arrivés chez nos amis. La juge qui nous invite et son mari sont sur le seuil.

Nous serons douze à table, dit-elle, c'est un anniversaire. L'anniversaire de Lola, ma petite-fille.

On nous pose sur un canapé.

Nous attendons. Tout le monde s'agite, on couche des enfants, on sort du frigidaire énorme des nourritures lourdes, prenez une coupe, en l'honneur de Lola, il y a de la chaleur, des disputes, des complicités, et nous, nous restons assis, les mains sur les genoux.

Nous n'avons pas de cadeau, c'est gênant, murmure mon père fâché, tu aurais pu te renseigner.

Il est bien plus de vingt-deux heures quand nous passons à table, déjà exténués.

Je vois mon père pâlir de minute en minute, sous sa barbe bien peignée, sous le hâle. Nos hôtes parlent fort, continuent des conversations de la veille sans doute, en vérité ils ne savent pas du tout quoi nous dire, tous les sujets à notre sujet sont gênants. Cet accident épouvantable qui peut arriver à chacun de nous à chaque moment, il vaut mieux ne pas en parler. Hélène. Tous les jours nous étions ensemble à la plage, depuis plus de cinquante ans, cela fait peut-être trois mille bains dans l'eau glacée, trois mille fois les mêmes remarques sur la meilleure manière d'entrer dans l'eau, vite ou lentement, mais surtout ne pas se poser de questions. D'Hélène, nous ne parlerons pas, cela vaut mieux pour tout le monde. Pas un mot, car que dirait-on ? Tout cela est bien trop triste pour un anniversaire. Nous essayons de nous faire oublier, et nous y arrivons assez bien.

Il est temps de rentrer, dit soudain mon père. Vous nous pardonnerez. Chers amis.

Nous filons sur la route noire.

*

Je crois qu'il me manque un médicament, dit mon père avec désinvolture, et d'un air dégagé. Un truc pour mon cœur. Je n'en ai plus. Il faut que je retrouve les ordonnances.

Veux-tu que je t'aide ?

Mais non, enfin si, je veux bien, je ne sais plus où j'ai mis mes lunettes et de toute façon elles ne me servent presque à rien.

Je ne comprends pas. Précisément à cet instant, mon cerveau tente en vain de classer les informations qu'il reçoit.

Je regarde la baie éclatante, la mer est haute et bleue, le sable brille, les mouettes atterrissent pattes en avant sur un bateau de pêche. Les branches du sapin et celles du jeune chêne et du vieux prunier ondulent gaiement. Des nuages roses lèchent la falaise, petites langues. Et l'air est délicieux.

Les mains de mon père tremblent comme jamais.

Nous allons ensemble dans sa chambre. Sur le lit qu'il a refait comme chaque jour, tirant le vieux couvre-lit rose délavé sur les draps froissés et les couvertures usées (pour que tout ait l'air net, pour un œil improbable, l'œil qui nous surveille et nous fatigue, et nous oblige à nous tenir droits, tous les jours, tout le temps), gisent des dizaines d'ordonnances. Des feuilles couvertes de tampons, de graffitis médicaux, de numéros. Et plusieurs sacs en plastique débordant de boîtes de médicaments, de fioles, de plaques de comprimés. Quel bordel, me dis-je, comme je hais l'industrie pharmaceutique. Si au moins les boîtes avaient la même forme, on y verrait plus clair. Et cette pensée stupide me redonne le sourire.

Nous trions, jetons, vidons, empilons, nous classons, rangeons, pointons.

Mais papa se débrouille quand même pour que je ne comprenne pas ce qu'il doit prendre, quelles pilules, pourquoi, comment, et ce qui lui manque.

J'admire sa technique.

Je suis à ta disposition, dis-je, pour aller à la pharmacie quand tu voudras.

Nous ricochons d'officine en officine. Fermées le dimanche, elles le sont toutes et n'indiquent pas la pharmacie de garde, qui est peut-être à Lanvéoc ou bien à Camaret. Nous tirons des sonnettes, une porte s'ouvre, finalement.

En sortant de la pharmacie où il a acheté une aspirine pour bébé, papa me dit, toujours sur ce ton détaché qui indique une urgence :

Tu crois que le tabac est ouvert ? Je compléterais bien ma réserve.

Et je comprends que le bureau de tabac était notre vraie destination.

Bien sûr, dis-je, allons-y.

*

Mon père n'aime pas tellement les trains.

Prendre le train, c'est en rabattre, se résigner à la vie ordinaire. Attendre sur un quai, sans pouvoir s'asseoir où que ce soit, à la merci des courants violents de brutalité et de vent. Poinçonner son ticket. Manger son sandwich. Se laisser faire.

(Peut-être n'aime-t-il pas les trains pour encore d'autres raisons, plus souterraines.)

Nous prenons cependant le train parce que c'est la fin de l'été. Nous avons des bagages qui voyageront de leur côté.

J'ai des choses à faire, dit-il depuis plusieurs jours, je dois rentrer. J'ai des réunions à tenir, du travail, ce dossier sans fin, cette dernière expertise qui m'enquiquine. Les avocats m'empoisonnent. Nous sommes très bien ici, mais tout a une fin, et cela fait quand même six semaines que je suis en vacances. En vacances. En vacances. Pouvoir inouï des mots de toujours.

Et nous rentrons. Fin de partie. Nous fermons la maison.

Nous rassemblons nos bagages des heures à l'avance. Nous nous asseyons sur la terrasse et regardons le vide. Nous embarquons.

Je prends le volant, bienvenue à bord, dit papa pour détendre sa conductrice et utiliser une fois encore les mots marins.

Nous prenons la route du Menez-Hom, des parachutes tourbillonnent au-dessus de nous. Des aigles tournicotent. Je ralentis. Papa regarde sa montre.

Je reconnais cette urgence, il voudrait être arrivé, déjà arrivé, tout cela, ces pesanteurs, ces tournants, tout cela l'exaspère, il tapote d'une main sur son autre main, il frotte le bout de ses doigts, il gratte une plaie à son poignet, il cache ensuite qu'il saigne, il déteste que je remarque sa peau trop fine. J'ai une peau de crocodile, a-t-il toujours soutenu.

Il veut être détendu et charmant et moi aussi je souhaite être une conductrice attentionnée et une compagne de voyage agréable, il est crispé et anxieux, j'ai l'estomac en marmelade. Nous en sommes tous les deux malades, en silence, et quoi dire ?

Nous déjeunerons dans un restaurant à côté de la gare, si tu veux, dis-je.

C'est toi qui commandes, sourit-il. Tu es le général de cette expédition.

Il n'y a pas de restaurant à côté de la gare. Nous errons sur le boulevard.

Les restaurants sont fermés, c'est la fin de l'été. Celui que nous connaissions a été remplacé par une agence d'intérim, les autres n'ont peut-être jamais existé que dans ma mémoire trop optimiste.

Nous comptons nos bagages, avant de les hisser sur un chariot. Six sacs, un ordinateur, deux cartables, un sac à main, et la pochette en cuir noir dite mes poches. Nous comptons nos bagages, et cela fait onze, il est évident que nous n'allons pas nous en sortir. En redescendant les valises du chariot, je me souviens de nos voyages d'enfants, celui-ci y ressemble, un immense saut dans l'inconnu, et cette responsabilité si lourde qui m'incombait petite, de ne laisser personne en rade, de ne pas semer des affaires, d'éviter les chutes d'objets et de personnes, ma grand-mère risquait de tomber, et il fallait faire comme si de rien n'était. N'est-ce pas toujours ainsi ?

N'importe qui plutôt que moi, me dis-je. N'importe qui serait mieux à sa place ici. N'importe qui serait plus calme. N'importe qui serait plus rassurant.

Le train s'ébranle. Assise à côté de nous, une jeune femme nous sourit. Nous nous sourions. Mon père renverse son sac. Il quitte alors la banquette, se glisse sous la tablette, je ne sais comment. Il part à la recherche de son stylo et de son porte-cartes, de ses bouts de papier, de ses chéquiers, de ses nombreux trousseaux de clés, le voici rampant sous la banquette. Cette fois-ci, il est fou.

Je suis épouvantée. On va nous arrêter, me dis-je, nous allons être démasqués. Mais il ne se passe rien de tel, tout le monde est maintenant sous les banquettes, et nous rassemblons les objets sur la table dépliée, les deux rabats ne sont pas de trop, c'est un jeu de Kim d'un genre nouveau. La pipe, le paquet de tabac, le trousseau de clés, un coupe-ongles, une lime, deux pièces rouges de un centime, une de cinq centimes, le petit bloc Rhodia. Les papiers. Les cartes. Les deux bics. Un stylo. Des fiches en bristol. Un article sur la famille, découpé dans une revue de droit. Une publicité déchirée dans un journal, qui recommande un restaurant de poissons. Un élastique.

Il ne te manque rien ? dis-je.

Si, s'essouffle-t-il, la clé de mon appartement, et le code, que j'ai inscrit exprès sur un bout de papier à carreaux.

L'air me manque à mon tour, comment allons-nous faire, alors, sans code et sans clé ?

Tu viendras dormir chez moi, dis-je, mais je n'en pense pas un mot.

Bien sûr, dit-il.

Et je vois qu'il n'en est pas question. Nous recomptons les objets. Nous fouillons la banquette, la doublure, les poches de blouson, les poches de pantalon, mes poches de veste, toutes nos nombreuses poches. C'est une épreuve pour la dignité. Cela ne devrait pas en être une. Pourtant ça l'est. Nous trouvons la clé dans une minuscule pochette en plastique bleue qui a glissé dans la rainure poussiéreuse de la banquette. Et nous rions, infiniment soulagés que la vie puisse reprendre ses allures normales, nous plaisantons jusqu'à Paris avec notre complice qui trouve à mon père un charme qui me charme.

Encore l'automne

Je n'aurais jamais dû laisser mon père aller seul à Bordeaux.

Nous ne nous voyons pas souvent dans les semaines qui suivent. C'est d'un commun accord. Nous ne voulons pas prendre de mauvaises habitudes.

J'ai été traité comme un coq en pâte par mes filles tout l'été, je dois me réhabituer à ma vie solitaire, a-t-il dit sobrement, gentiment.

Je souhaite le protéger de ces jours noirs de septembre qui montrent leur groin maléfique. Ne voudrais-tu pas quitter Paris pour quelques jours ?

Oui, oui, je vais le faire, ne t'en occupe pas, j'y pense, bien sûr.

Mots entravés de part et d'autre.

Mon père se soucie surtout d'un voyage qu'il veut faire à Bordeaux, pour le dix-huitième congrès du Conseil National des Compagnies d'Experts de Justice.

Nous déjeunons à des terrasses.

Tu vas y aller comment ? demandé-je.

En train, bien sûr. Le train que prennent les retraités, parce qu'ils ont tout leur temps, dit-il d'une voix où la frustration est sensible. Une voix pincée.

Balivernes. Le train pour Bordeaux ne met pas longtemps. Tu pars le matin ? Qui prend tes billets ?

Je t'en prie ! Je suis encore capable de prendre des billets, qu'est-ce que tu imagines, franchement ? Je les prends à l'agence du quartier. Comme tous les autres vieux bonshommes que j'y rencontre.

Cela me fait de la peine, cette mauvaise humeur, mais je suis bête.

Tu dormiras où ?

À l'hôtel, comme toujours.

Ils viendront te chercher à la gare ?

J'ai dépassé les bornes, il ne me regarde plus, il est plongé dans la carte, il est pressé maintenant. Il dit :

Que veux-tu manger ? Tu as choisi déjà ?

D'habitude je ne pose pas toutes ces questions.

Jamais je n'ai dit : Tu es fou, pourquoi veux-tu aller seul à Bordeaux ? C'est pourtant ce que je pensais. Jamais je n'ai dit : N'y va pas, c'est trop dur, trop difficile, tu es trop fragile. Jamais je n'ai dit : Je viens de faire un voyage avec toi, et je vois bien que ce n'est pas raisonnable. Je ne le disais pas. Je n'ai pas dit non plus : Je viens avec toi, ni : Qui pourrait t'accompagner ? Il faisait ce qu'il voulait. Je pensais : Tu as bien le droit de prendre le train, tu as le droit de t'effondrer sur un quai. Tu n'as pas de comptes à rendre. Je n'ai pas à te protéger.

J'ai juste dit : Ils viendront te chercher à la gare ? Un ils très vague, sans aucune représentation, sans qu'aucun visage vienne se greffer sur ce tronc du ils. Comme ces autres ils qui peuplent sa vie. Ce n'est qu'un décor en trompe-l'œil, et j'ai toujours aimé cela. Les fausses fenêtres peintes, les treilles dessinées.

« Je ne serai pas chez moi, ils viennent me chercher. Ne m'appelle pas ce soir, je suis chez des amis, des collègues, à Versailles, ils me gardent à dîner. »

J'imagine de vieux magistrats à l'humour particulier, des avocats poètes et solennels, des ingénieurs coincés dans leur personnage assertif, et leurs femmes de la banlieue ouest. Je n'imagine rien.

Mon père brouille les pistes, je ne cherche pas à me souvenir de l'endroit où il n'est pas. Je n'y pense pas.

Les jours passent encore. Je me demande aujourd'hui à quoi.

Nous déjeunons ensemble dans une brasserie sombre rue du Cherche-Midi. En grignotant des sablés ronds, mon père, les joues légèrement échauffées par le vin, me raconte le voyage à Bordeaux.

Je ne sais pas comment j'ai fait, je ne sais pas ce qui m'a pris, je suis arrivé en autobus à la gare d'Austerlitz, j'étais en avance, je bavardais au guichet avec une jeune femme charmante. Et elle me dit d'un air inquiet vous allez vraiment à Bordeaux, heureusement que je lui ai parlé, vois-tu, il restait à peine trois quarts d'heure, le train partait de la gare Montparnasse. Comment ai-je pu faire cette erreur ?

Je ne réponds pas, je pense que le ciel a mis en œuvre tout ce qui était possible pour l'empêcher de prendre ce train.

J'aimerais qu'il ne me donne pas trop de détails qui me brisent le cœur.

Il n'y a pas longtemps, je sais qu'il a passé plusieurs heures coincé dans l'ascenseur, un bras pris dans l'étau des portes, plié en deux, sans pouvoir appuyer sur le bouton d'alerte. Il était tard. Il ne pouvait ni bouger ni appeler, ni attraper son téléphone. Quelqu'un l'a libéré.

Tu te souviens de l'histoire de l'inondation du village, dis-je brusquement.

Le curé est sur le toit de son église, les bras serrés autour du clocher, et l'eau monte. Passent les pompiers en barque qui lui proposent de l'embarquer. Sautez, curé, sautez !

Mais le curé refuse, j'ai la foi, dit-il, Dieu me sauvera.

Passe un hélicoptère de la gendarmerie. On vous hélitreuille, curé, attrapez ce filin !

Mais le curé refuse encore. J'ai la foi. Dieu me sauvera.

Le préfet lui-même est alerté, et le journal de la télévision régionale, et l'eau monte toujours. Laissez-vous sauver, curé !

Rien à faire.

Le curé se noie, il arrive devant Dieu, furieux (et trempé).

Tu devais me sauver, dit-il, car tu sais que je crois en toi.

J'ai fait tout ce que je pouvais, dit Dieu. Tu crois que c'était qui, les pompiers en barque, l'hélicoptère, la main tendue du préfet ?

Papa se marre.

Je sais très bien que tu ne voulais pas que j'aille à Bordeaux, mais tu n'es pas Dieu, figure-toi (je te remercie), tout s'est très bien passé, vous êtes tous à me materner, ça n'a jamais marché avec moi. Ma mère disait que j'étais né à huit ans, figure-toi. J'ai sauté dans un autobus qui allait à la gare Montparnasse, j'ai fait ce que j'ai pu avec ma valise, imagine qu'elle n'ait pas eu de roulettes, il n'y a pas si longtemps que j'en ai une. Et je suis arrivé juste à temps. J'ai sauté dans le train qui partait.

Je t'imagine. Sauter dans les trains. Ne pas se laisser commander par les circonstances, ni l'épuisement. Mettre des réveils, cinq s'il le faut, pour se lever après deux heures de sommeil, et finir le travail. « Tu trembles, carcasse » a toujours été une des phrases de notre éducation. Tu tremblerais bien davantage si tu savais où je te mène.

Je t'imagine, la poitrine te brûle, tu t'en veux, tu te moques de toi, tu rassembles tes forces, et ton orgueil, et la valise est trop lourde, tu transpires, tu es sûr que tu vas tomber et tes jambes te font un mal de chien. C'est une autre forme de guerre, l'héroïsme n'a pas de nom unique, et autant de visages qu'il y a de circonstances absurdes et nécessaires où le déployer.

Bonne histoire, dis-je, très bonne histoire.

Je me souviens d'une extrêmement vieille dame, incroyablement petite, au visage de belette, avec un béret et une veste tricotée, que j'ai aidée, la semaine passée, à embarquer dans un train, à porter un gigantesque sac écossais qui contenait probablement des briques, et qui est redescendue à quelques secondes du départ, parce que la compagne qui devait se joindre à elle n'était pas arrivée. Sa solitude, son désarroi se sont gravés en moi.

Je revois ma mère après un café pris ensemble, montant dans l'autobus 84, jetant sa cigarette derrière elle, se hissant avec peine sur la plate-forme, tanguant, son sac très lourd et plein de livres sur l'épaule. Et je manquais courir après elle.

Je ne dis rien, nous plongeons un dernier sablé dans notre café.

Viens, dit mon père, je veux te faire un cadeau. Il m'offre une montre plate et ronde, ornée de chiffres noirs très fins, avec un bracelet en cuir noir.

La tienne est vraiment trop moche.

Pas d'effusions.

Merci.

Nous échangeons un petit baiser pointu.

*

La Toussaint vient. Je demande d'un ton très naturel, après avoir tourné cette phrase mille fois dans ma bouche : Tu veux aller aux Batignolles ? Au cimetière des Batignolles, là-bas, à la porte de Clichy, près du lycée Honoré de Balzac, là où dort notre mère sous une pierre en granit brut très belle qui ne porte pas son nom, mais une inutile croix.

La Toussaint, la fête des Morts et le jour des Défunts, le 1er novembre, le 2 novembre, le 11 novembre, je n'y ai jamais rien compris. Ces journées ont toujours été pétries pour moi de brouillard froid et de pèlerinages obscurs. J'en ai parlé à une fleuriste qui m'a dit quel boulot on a avec tous ces chrysanthèmes qu'il faut livrer. La Toussaint c'est comme la fête des Mères, mais il n'y a qu'une seule sorte de fleurs, le ciel est plombé et l'air glacé.

Je pensais y aller, oui, dit mon père, mais ne vous dérangez pas. Je peux très bien faire le voyage tout seul.

Qui accompagne qui, ce jour-là ? Nous y allons, nous sommes quatre.

Deux filles, une petite-fille entourent un homme pâle et un peu gris qui n'a jamais fréquenté les cimetières, considérant qu'il y a plus important à faire du côté des vivants, des gens à aider, des ponts à construire, des injustices à empêcher, des femmes à embrasser. Qui se sent obligé ou engagé par qui à quoi ? À quelle instance dédions-nous notre marche hésitante dans l'allée A du cimetière déjà défeuillé, et les chrysanthèmes rouges dont nous décorons la pierre sous laquelle repose maman ?

*

Il appelle un soir de novembre où je suis à Saint-Nazaire. On vous a appelée, dit le concierge de l'hôtel. C'est mon père qui m'appelle. Je me crispe. J'ai peur. C'est comme s'il ne m'avait jamais appelée de sa vie – Ta mère t'appellera, a-t-il toujours dit, votre mère va vous appeler. Je te passe ta mère. Maman est à côté de moi, je te la passe. Jamais nous n'avons bavardé au téléphone, jamais. Il ne peut s'y mettre maintenant. Ou bien je ne trouve pas la manière de le faire. Et nous nous loupons.

Tu es à Saint-Nazaire ?

Une sorte de fausse note, de son inquiétant, comme les phrases suspectes dans *Le Parfum de la dame en noir*. Mes oreilles se dressent, pointues comme celles d'un renard traqué, tant cette phrase est inhabituelle.

Oui. Tu vas bien ? dis-je avec politesse et gentiment.

Très bien. Très bien. Tout va bien. Aucun problème. Tu es bien à Saint-Nazaire, je ne me souvenais plus trop de ce que tu faisais.

Je parle vite, j'essaie de nous rassurer tous les deux. J'étale mes fraîches connaissances en matière de base militaire.

Oui, je suis à Saint-Nazaire, au milieu de la base sous-marine, tu sais, ce bunker, une immense machine construite par l'organisation nazie nommée Todt, c'était en 1941, je crois. Elle a été bombardée. Et reconstruite. Tu connais sûrement, l'architecte est célèbre. On y fait des lectures dans de grandes salles qu'ils appellent les alvéoles, c'est un bunker et une ruche. Et les bassins clapotent doucement.

Oui, dit mon père, bien sûr que je connais. Le toit est célèbre, du béton armé qui peut avoir près de neuf mètres d'épaisseur.

Je continue avec enthousiasme, le bunker me réconforte, sa description m'apaise, les alvéoles, dis-je, sont liées entre elles par une rue intérieure. C'est beau, incroyablement beau, comme le sont les grottes, et comme le sont les usines désaffectées.

La ligne est soudain mauvaise, et soudain nous ne savons plus quoi dire.

Bonsoir, papa. Je t'appelle en début de semaine.

Bonne soirée, ma grande, amuse-toi bien.

*

Je sais bien qu'il faut que j'en arrive là.

À ce matin-là.

Il n'y a jamais eu de début à cette fameuse semaine. Je ne t'ai plus jamais appelé.

Bonne soirée, ma grande, amuse-toi bien.

Ce sont les mots qui me restent.

Ensuite deux syllabes, prononcées avec un sourire tendre, du fond de la paralysie, du bord du coma, de la rive de la mort, deux syllabes : Bon, bon.

C'est ainsi. Un sourire ironique. Rien à dire. Bon, bon, l'histoire finit comme ça.

Je reprends.

Le téléphone a sonné.

Venez vite.

J'ai éclaté en sanglots, des sanglots que je retenais depuis quatorze mois. Je les retenais sans effort, prise par la lutte de chaque jour et cætera, cette apnée de l'optimisme, cette myopie obligatoire, prise par les gestes nécessaires. Il était neuf heures et une minute.

À neuf heures neuf j'ai poussé la porte de l'appartement.

J'ai vu d'abord son pied nu, et une pantoufle toute seule sur le sol.

Sur la moquette dure, il est allongé, une jambe bizarrement repliée.

Sur son bureau, le téléphone sonne sans cesse, nous ne répondons pas.

Pourtant, quelque part, une femme se tord les mains et s'inquiète et n'ose rien faire, prisonnière de sa loyauté.

Sur le bureau de mon père, le bracelet électronique qui n'a jamais servi à rien.

Une dizaine de pompiers sont arrivés. Les pompiers ne voient pas combien mon père tremble, sa main et sa jambe battent l'air.

Il a froid, dis-je.

On me bouscule. C'est un détail, madame, ne restez pas là.

On enroule papa dans le papier d'aluminium, il entrouvre les paupières, il murmure bon, voilà. Il a jeté les cartes sur la table, il reconnaît qu'il a perdu, cette fois-ci, je le comprends. Ils t'ont eu. Mains en l'air, il s'est rendu.

Ramasser quelques affaires, le sac dit mes poches, la civière cascade dans l'escalier, comme j'ai froid, l'ambulance met ses sirènes, je tiens ta main, je la serre, reste avec nous. Aux urgences de la Pitié-Salpêtrière, l'attente est longue et cruelle.

Le lundi 17 novembre 2008 fut un jour sans fin. Et ensuite ce fut pire, je n'en parlerai pas.

Le mercredi 19 novembre 2008, il a serré très fort, jusqu'à la casser, la main tiède de l'une de celles qui avaient si peur pour lui, j'ai desserré l'étreinte douloureuse et terrible dont elle ne pouvait se libérer. J'ai détaché les doigts. L'ancre était levée, le bateau a dérivé lentement, en se cognant souvent à la douleur, mourir fait mal autant que naître. Et c'est aussi long.

Un stylo, une montre, une bague ornée d'une pierre dure de couleur verte sont les trois objets que je conserve de lui.

DU MÊME AUTEUR

Les Filles
Gallimard, 1987
et « Folio », n° 2978

Madame Placard
Gallimard, 1989

Loin du paradis, Flannery O'Connor
Gallimard, 1991
et « Petite Bibliothèque de l'Olivier », n° 46

Petite
Éditions de l'Olivier, 1994
et « Points », n° P187

Week-end de chasse à la mère
prix Femina 1996
Éditions de l'Olivier, 1996
et « Points », n° P446

Voir les jardins de Babylone
Éditions de l'Olivier, 1999
et « Points », n° P721

Pour qui vous prenez-vous ?
Éditions de l'Olivier, 2001
et « Points », n° P993

La Marche du cavalier
Éditions de l'Olivier, 2002
et « Points », n° P2866

Les Sœurs Délicata
Éditions de l'Olivier, 2004

V. W. le mélange des genres
(avec Agnès Desarthe)
Éditions de l'Olivier, 2004
réédité sous le titre
La Double Vie de Virginia Woolf
« Points », n° P1987

52 ou la seconde vie
Éditions de l'Olivier, 2007
réédité sous le titre
Les filles sont au café
« Points », n° P2353

Moi, j'attends de voir passer un pingouin
Alma éditeur, 2012
et « 10/18 », n° 4807

Dans les yeux des autres
Éditions de l'Olivier, 2014
et « Points », n° P4145

Je vois des choses que vous ne voyez pas
Actes Sud Papiers, 2016

Vie de ma voisine
Grasset, 2017
et « Points », n° P4752

Le Chagrin d'aimer
Grasset, 2018
et « Points », n° P4954

Mes mots sauvages
Points, « Le Goût des mots », n° P4902, 2018

Sisyphe est une femme
La marche du cavalier
Éditions de l'Olivier, coll. Les Feux, 2019

RÉALISATION : NORD COMPO À VILLENEUVE-D'ASCQ
IMPRESSION : CPI FRANCE
DÉPÔT LÉGAL : JANVIER 2022. N° 150151 (3045877)
IMPRIMÉ EN FRANCE

Éditions Points

DERNIERS TITRES PARUS

P5177. Les Mains vides, *Valerio Varesi*
P5178. La Cage, *Lilja Sigurðardóttir*
P5179. Éthique du samouraï moderne. Petit manuel de combat pour temps de désarroi, *Patrice Franceschi*
P5180. Maître du Oui, *Svâmi Prajñânpad*
P5181. Wabi Sabi. L'art d'accepter l'imperfection *Tomás Navarro*
P5182. Très chère Valentine, *Adriana Trigani*
P5183. La Partition, *Diane Brasseur*
P5184. Château de femmes, *Jessica Shattuck*
P5185. Les Âmes silencieuses, *Mélanie Guyard*
P5186. Le Cartographe des Indes boréales, *Olivier Truc*
P5187. Les Méandres du Nil, *Robert Solé*
P5188. Les Photos d'Anny, *Anny Duperey*
P5189. Chambre 128, *Cathy Bonidan*
P5190. East Village Blues, *Chantal Thomas*
P5191. La Revenue, *Donatella di Pietrantonio*
P5192. En tenue d'Eve. Histoire d'une partie d'échecs *Eve Babitz*
P5194. La Petite fille au tambour, *John Le Carré*
P5195. Floride, *Lauren Groff*
P5196. La Transparence du temps, *Leonardo Padura*
P5197. Pour l'amour des livres, *Michel Le Bris*
P5198. Le Chemin de la mer. Et autres nouvelles *Patrice Franceschi*
P5199. Transit, *Rachel Cusk*
P5200. Un petit coup de jeune, *Thierry Bizot*
P5201. L'Amour est aveugle. Le ravissement de Brodie Moncur *William Boyd*
P5202. Titayna : l'aventurière des années folles *Benoît Heimermann*
P5203. La Mer pour aventure, *Collectif*
P5204. Lawrence d'Arabie. Le désert et les étoiles *Flora Armitage*
P5205. Travelling. Un tour du monde sans avion *Tangy Viel, Christian Garcin*
P5206. Va où il est impossible d'aller. Mémoires, *Costa-Gavras*
P5207. Tous les films sont politiques. Pour Costa-Gavras *Edwy Plenel*
P5208. Marthe Richard ou les beaux mensonges *Nicolas D'Estienne d'Orves*

P5209. Les Imprudents. Sur les traces des résistants du maquis Bir-Hakeim, *Olivier Bertrand*
P5210. Maudits mots. La fabrique des insultes racistes *Marie Treps*
P5211. Les Mots du football, *Vincent Duluc*
P5212. En marge, *Silvia Baron Supervielle*
P5213. Le Cœur et la Chair, *Ambrose Parry*
P5214. Dernier Tacle, *Emmanuel Petit, Gilles Del Pappas*
P5215. Crime et Délice, *Jonathan Kellerman*
P5216. Le Sang noir des hommes, *Julien Suaudeau*
P5217. À l'ombre de l'eau, *Maïko Kato*
P5218. Vik, *Ragnar Jónasson*
P5219. Koba, *Robert Littell*
P5220. Le Dernier Thriller norvégien, *Luc Chomarat*
P5222. Steak machine, *Geoffrey Le Guilcher*
P5224. Petit Traité de bienveillance envers soi-même *Serge Marquis*
P5225. Sex & Rage, *Eve Babitz*
P5226. Histoire de ma vie, *Henry Darger*
P5227. Hors-bord, *Renata Adler*
P5228. N'oublie pas de te souvenir, *Jean Contrucci*
P5229. Mur méditerranée, *Louis-Philippe Dalembert*
P5230. La Débâcle, *Romain Slocombe*
P5231. À crier dans les ruines, *Alexandra Koszelyk*
P5233. Nuit d'épine, *Christiane Taubira*
P5234. Les Fillettes, *Clarisse Gorokhoff*
P5235. Le Télégraphiste de Chopin, *Eric Faye*
P5236. La Terre invisible, *Hubert Mingarelli*
P5237. Une vue exceptionnelle, *Jean Mattern*
P5238. Louvre, *Josselin Guillois*
P5239. Les Petits de décembre, *Kaouther Adimi*
P5240. Les Yeux rouges, *Myriam Leroy*
P5241. Dévorer le ciel, *Paolo Giordano*
P5242. Amazonia, *Patrick Deville*
P5243. La Grande à bouche molle, *Philippe Jaenada*
P5244. L'Heure d'été, *Prune Antoine*
P5245. Pourquoi je déteste l'économie, *Robert Benchley*
P5246. Cora dans la spirale, *Vincent Message*
P5247. La Danse du roi, *Mohammed Dib*
P5248. Il était une fois dans l'Est, *Arpád Soltész*
P5249. La Tentation du pardon, *Donna Leon*
P5250. Ah, les braves gens !, *Franz Bartelt*
P5251. Crois-le !, *Patrice Guirao*
P5252. Lyao-Ly, *Patrice Guirao*
P5253. À sang perdu, *Rae DelBianco*
P5254. Mémoires vives, *Edward Snowden*

P5255. La Plus Belle Histoire de l'intelligence
Stanislas Dehaene, Yann Le Cun, Jacques Girardon
P5256. J'ai oublié, *Bulle Ogier, Anne Diatkine*
P5257. Endurance. L'incroyable voyage de Shackleton
Alfred Lansing
P5258. Le Cheval des Sforza, *Marco Malvaldi*
P5259. La Purge, *Arthur Nesnidal*
P5260. Eva, *Arturo Pérez-Reverte*
P5261. Alex Verus. Destinée, tome 1, *Benedict Jacka*
P5262. Alex Verus. Malediction, tome 2, *Benedict Jacka*
P5263. Alex Verus. Persécution, tome 3, *Benedict Jacka*
P5264. Neptune Avenue, *Bernard Comment*
P5265. Dernière Sommation, *David Dufresne*
P5266. Dans la maison de la liberté, *David Grossman*
P5267. Le Roman de Bolaño, *Gilles Marchand, Eric Bonnargent*
P5268. La Plus Précieuse des marchandises. Un conte
Jean-Claude Grumberg
P5269. L'avenir de la planète commence dans notre assiette
Jonathan Safran Foer
P5270. Le Maître des poupées, *Joyce Carol Oates*
P5271. Un livre de martyrs américains, *Joyce Carol Oates*
P5272. Passe-moi le champagne, j'ai un chat dans la gorge
Loïc Prigent
P5273. Invasion, *Luke Rhinehart*
P5274. L'Extase du selfie. Et autres gestes qui nous disent
Philippe Delerm
P5275. Archives des enfants perdus, *Valeria Luiselli*
P5276. Ida, *Hélène Bessette*
P5277. Une vie violente, *Pier Paolo Pasolini*
P5278. À cinq ans, je suis devenue terre-à-terre, *Jeanne Cherhal*
P5279. Encore plus de bonbons sur la langue. Le français
n'a jamais fini de vous surprendre !, *Muriel Gilbert*
P5280. L'Ivre de mots, *Stéphane de Groodt*
P5281. The Flame, *Leonard Cohen*
P5282. L'Artiste, *Antonin Varenne*
P5283. Les Roses de la nuit, *Arnaldur Indridason*
P5284. Le Diable et Sherlock Holmes, *David Grann*
P5285. Coups de vieux, *Dominique Forma*
P5286. L'Offrande grecque, *Philip Kerr*
P5287. Régression, *Fabrice Papillon*
P5288. Un autre jour, *Valentin Musso*
P5289. La Fabrique du crétin digital, *Michel Desmurget*
P5290. Le Grand Manipulateur. Les réseaux secrets de Macron
Marc Endeweld
P5291. Vieillir ensemble. Un tour du monde des solutions qui
rapprochent les générations
Clément Boxefeld, Julia Chourri

P5292. La vie est une célébration, *Mata Amritanandamayi*
P5293. Les Plus Beaux Contes zen, *Henri Brunel*
P5295. L'Indomptée. La papesse Jeanne, *Donna Cross*
P5296. Au cœur de la violence, *Edouard Louis*
P5297. Querelle, *Kevin Lambert*
P5298. Ordesa, *Manuel Vilas*
P5299. Papa, *Régis Jauffret*
P5300. Un peu, beaucoup, passionnément, à la folie, pas du tout *Alice Munro*
P5301. Ainsi parlait ma mère, *Rachid Benzine*
P5302. Lake Success, *Gary Shteyngart*
P5303. L'Ombre d'un père, *Christoph Hein*
P5304. Nino dans la nuit, *Simon Johannin, Capucine Johannin*
P5305. Zébu Boy, *Aurélie Champagne*
P5306. Monsieur le Commandant, *Romain Slocombe*
P5307. Le Bureau des jours perdus et Autres Récits étranges *Eric Faye*
P5308. Ces îles de plein sel et autres poèmes *Louis-Philippe Dalembert*
P5309. Habitant de nulle part, originaire de partout *Souleymane Diamanka*
P5310. Hammett Détective, *Stéphanie Benson, Benjamin et Julien Guérif, Jérôme Leroy, Marcus Malte, Jean-Hugues Oppel, Benoît Séverac, Marc Villard, Tim Willocks*
P5311. L'Arbre aux fées, *B. Michael Radburn*
P5312. Le Coffre, *Jacky Schwartzmann, Lucian-Dragos Bogdan*
P5313. Le Manteau de neige, *Nicolas Leclerc*
P5314. L'Île au secret, *Ragnar Jónasson*
P5315. Sous les eaux noires, *Lori Roy*
P5316. La Chute du monstre. Marseille année zéro *Philippe Pujol*
P5317. Lesbos, la honte de l'Europe, *Jean Ziegler*
P5318. Algérie. La nouvelle indépendance, *Jean-Pierre Filiu*
P5319. L'Effet maternel, *Virginie Linhart*
P5320. L'Amour, le rôle de notre vie. Rééduquer les cœurs *Sarah Serievic*
P5321. Comme au cinéma, *Fiona Kidman*
P5322. La Déesse des mouches à feu, *Geneviève Pettersen*
P5323. Dé mem brer, *Joyce Carol Oates*
P5324. Conversations entre amis, *Sally Rooney*
P5325. Tous les hommes n'habitent pas le monde de la même façon, *Jean-Paul Dubois*
P5326. La Leçon de ténèbres, *Léonor de Récondo*
P5327. Disparaître, *Mathieu Menegaux*
P5328. Le Cercle des hommes, *Pascal Manoukian*
P5329. Il y a un seul amour, *Santiago H. Amigorena*

P5330. Solénoïde, *Mircea Cărtărescu*
P5331. « La vraie vie est absente ». Et autres fragments rimbaldiens. *Suivi du* Dictionnaire homo-érotique *Arthur Rimbaud, Frédéric Martel*
P5332. Un participe qui ne passe pas, *Bernard Cerquiglini*
P5333. La Monnaie des songes et autres recueils *Marie-Christine Gordien*
P5334. Une jupe trop courte. Récits de la cuisine, *Sofi Oksanen*
P5335. L'Homme aux murmures, *Alex North*
P5336. Jeux de dames, *André Buffard*
P5337. Les Fantômes de Reykjavik, *Arnaldur Indridason*
P5338. La Défaite des idoles, *Benjamin Dierstein*
P5339. Les Ombres de la toile, *Christopher Brookmyre*
P5340. Dry Bones, *Craig Johnson*
P5341. Une femme de rêve, *Dominique Sylvain*
P5342. Les Oubliés de Londres, *Eva Dolan*
P5343. Chinatown Beat, *Henry Chang*
P5344. Sang chaud, *Kim Un-Su*
P5345. Si tu nous regardes, *Patrice Guirao*
P5346. Tu vois !, *Patrice Guirao*
P5347. Du sang sur l'asphalte, *Sara Gran*
P5348. Cool Killer, *Sébastien Dourver*
P5349. City of Windows, *Robert Pobi*
P5350. L'Avenir des simples, *Jean Rouaud*
P5351. La Solitude de François, *Marco Politi*
P5352. Jenny Bel'Air, une créature, *François Jonquet*
P5353. Sororité, *Chloé Delaume, Collectif*
P5354. Le Regard féminin. Une révolution à l'écran, *Iris Brey*
P5355. Le Sexe selon Maïa. Au-delà des idées reçues *Maïa Mazaurette*
P5356. Testo Junkie. Sexe, drogue et biopolitique *Paul B. Preciado*
P5357. Heureux et Grincheux. 108 conseils d'un moine bouddhiste pour profiter de la vie, *Ajahn Brahm*
P5358. Voyage sans cartes, *Graham Greene*
P5359. La Folle Équipée, *Patrice Franceschi*
P5360. Là où chantent les écrevisses, *Delia Owens*
P5361. La Redoutable Veuve Mozart, *Isabelle Duquesnoy*
P5362. Les Trois Filles du Capitán, *Maria Duenas*
P5363. L'America, *Michel Moutot*
P5364. Cités à la dérive, I. Le cercle, *Stratís Tsírkas*
P5365. Cités à la dérive, II. Ariane, *Stratís Tsírkas*
P5366. Cités à la dérive, III. La Chauve-souris, *Stratís Tsírkas*
P5367. Alta Rocca, *Philippe Pujol*
P5368. Café Vivre. Chroniques en passant, *Chantal Thomas*
P5369. Victor Kessler n'a pas tout dit, *Cathy Bonidan*

P5370. Projet Starpoint, tome 2, *Marie-Lorna Vaconsin*
P5372. Retour de service, *John le Carré*
P5373. Coupable de tout, *Herbert Huncke*
P5374. La Vie vagabonde, *Lawrence Ferlinghetti*
P5375. De l'urgent, du presque rien et du rien du tout *Olivier de Kersauson*
P5376. Nous ne trahirons pas le poème. Et autres recueils *Rodney Saint-Éloi*
P5377. Le Chant du collectionneur de pierres. Et autres recueils *Sjón*
P5378. Angkar, *Christian Blanchard*
P5379. Que tombe le silence, *Christophe Guillaumot*
P5380. Nuuk, *Mo Malø*
P5381. Or, encens et poussière, *Valerio Varesi*
P5382. Le Goût du rouge à lèvres de ma mère, *Gabrielle Massat*
P5383. Richesse oblige, *Hannelore Cayre*
P5384. Breakdown, *Jonathan Kellerman*
P5385. Mauvaise graine, *Nicolas Jaillet*
P5386. Le Séminaire des assassins, *Petros Markaris*
P5387. Y. La Trilogie de K, *Serge Quadruppani*
P5388. Norlande, *Jérôme Leroy*
P5389. Trahison, *Lilja Sigurdardóttir*
P5390. Noire n'est pas mon métier, *Collectif*
P5391. Lady Lucille, *Gilles Lhote*
P5392. Le Journal de Frank Berton, *Elsa Vigoureux*
P5393. Harry et Meghan, libres *Caroline Durand, Omid Scobie*
P5394. Chroniques de l'homme d'avant, *Philippe Lançon*
P5395. Tomber amoureux de ce qui est, *Jeff Foster*
P5396. Amelia. Le fascinant destin de la plus grande aviatrice du monde, *Bernard Marck*
P5397. Un art de parcourir le monde. Paris - Hong Kong à vélo. 11 155 km, 371 jours, 23 pays, *Florian Coupé*
P5398. Les Aventurières du ciel, *Katell Faria*
P5399. Un promeneur solitaire dans la foule *Antonio Muñoz Molina*
P5400. Le Hêtre et le Bouleau, *Camille de Toledo*
P5401. Oublier, trahir puis disparaître, *Camille de Toledo*
P5402. Le Cœur synthétique, *Chloé Delaume*
P5403. Incident au fond de la galaxie, *Etgar Keret*
P5404. Par les écrans du monde, *Fanny Taillandier*
P5405. Un crime sans importance, *Irène Frain*
P5406. Retour à Ithaque, *Leonardo Padura*
P5407. Les Lionnes, *Lucy Ellemann*
P5408. Ce que nous avons perdu dans le feu, *Mariana Enriquez*
P5409. La Trajectoire des confettis, *Marie-Ève Thuot*

P5410. Le Temps gagné, *Raphaël Enthoven*
P5411. Personne ne sort les fusils, *Sandra Lucbert*
P5412. Saturne, *Sarah Chiche*
P5413. Des jours sauvages, *Xabi Molia*
P5414. Avant les diamants, *Dominique Maisons*
P5415. Je parle comme je suis. Ce que nos mots disent de nous *Julie Neveux*
P5416. Le Désir que j'ai, *Alain Veinstein*
P5417. Juste après la pluie, *Thomas Vinau*
P5418. Le Bal des porcs, *Arpád Soltész*
P5419. Après le jour, *Christophe Molmy*
P5420. Quand un fils nous est donné, *Donna Leon*
P5421. Sigló, *Ragnar Jónasson*
P5422. La Gestapo Sadorski, *Romain Slocombe*
P5423. Slow Démocratie. Comment maîtriser la mondialisation et reprendre notre destin en main, *David Djaiz*
P5424. Qui veut risquer sa vie la sauvera. Mémoires *Jean-Pierre Chevènement*
P5425. Un temps troublé, *Lionel Jospin*
P5426. Le Désastre de l'école numérique. Plaidoyer pour une école sans écrans, *Philippe Bihouix, Karine Mauvilly*
P5427. Rumeurs d'Amérique, *Alain Mabanckou*
P5428. 209 rue Saint-Maur, Paris X[e]. Autobiographie d'un immeuble, *Ruth Zylberman*
P5429. Les Alpinistes de Staline, *Cédric Gras*
P5430. Le Massacre des Indiens, *Lucien Bodard*
P5431. Son Corps et Autres Célébrations *Carmen Maria Machado*
P5432. L'Imposture, *Georges Bernanos*, L'Autre Rimbaud *David Le Bailly*
P5433. La Joie, *Georges Bernanos*, Dehors, la tempête. La vie dans les livres, *Clémentine Mélois*
P5434. Rachel et les Siens, *Metin Arditi*
P5435. Mon Père et ma Mère, *Aharon Appelfeld*
P5436. Fun Home. Une tragicomédie familiale, *Alison Bechdel*
P5437. C'est toi ma Maman ? : un drame comique *Alison Bechdel*
P5438. Complicités animales : 70 histoires vraies, *Anny Duperey, Jean-Philippe Noël*
P5439. Sabotage, *Arturo Pérez-Reverte*
P5440. Chaud brûlant, *Bill Buford*
P5441. L'Infinie Comédie, *David Foster Wallace* Une bête aux aguets, *Florence Seyvos*
P5442. La vie joue avec moi, *David Grossman*
P5443. Sous l'eau, *Deborah Levy*
P5444. Femme à la fenêtre, *Joyce Carol Oates*

P5445. Ma vie de cafard, *Joyce Carol Oates*
P5446. Les Calendriers, *Robert Cottard*
P5447. Et tournera la roue, *Selahattin Demirtas*
P5448. San Michele : récit, *Thierry Clermont*
P5449. Cet amour-là, *Yann Andréa*
P5450. Je voudrais vous parler de Duras. Entretien, *Yann Andréa, Michèle Manceaux*
P5451. À mains nues, *Amandine Dhée*
P5452. L'Esprit de la science-fiction *suivi de* Les Déboires du vrai policier, *Roberto Bolaño*
P5453. La Littérature nazie en Amérique, *Roberto Bolaño*
P5454. *Étoile distante*, Roberto Bolaño
P5470. Une saison dans la vie d'Emmanuel, *Marie-Claire Blais*
P5471. Anthologie de la répartie. Les 1 000 meilleures répliques *Julien Colliat*
P5472. Vous reprendrez bien... Un bonbon sur la langue ? Partageons le français et ses curiosités !, *Muriel Gilbert*
P5473. L'Emprise du chat, *Sophie Chabanel*
P5474. Somb, *Max Monnehay*
P5475. Le Village perdu, *Camilla Sten*
P5476. Miarka, *Antoine de Meaux*
P5477. Chaudun, la montagne blessée, *Luc Bronner*
P5478. Un art de vivre et d'aimer par temps de catastrophe *Jean-Yves Leloup*
P5479. Respire, tu es vivante. De Lhassa à l'Everest, une aventure écologique et spirituelle *Marion Chaygneaud-Dupuy*
P5480. Amma. Celle qu'on attendait, *Pierre Lunel*
P5481. Le Tour du monde en 80 livres, *Marc Wiltz*
P5482. Efface toute trace, *François Vallejo*
P5483. Black Manoo, *Gauz*
P5484. Requiem pour une Apache, *Gilles Marchand*
P5485. De parcourir le monde et d'y rôder, *Grégory Le Floch*
P5486. Un garçon comme vous et moi, *Ivan Jablonka*
P5487. Anomalie, *Julie Peyr*
P5488. Les Yeux de Milos, *Patrick Grainville*
P5489. Dans les yeux du ciel, *Rachid Benzine*
P5490. Histoire d'amour, *Stéphane Audeguy*
P5491. Sur tes cils fond la neige, *Vladimir Fédorovski*
P5492. Routes sans lois, *Graham Greene*
P5493. L'Expédition de La Pérouse, *Jules Verne*
P5494. Revanche des têtes à trous. Bien apprendre et tout retenir à tout âge, *Anne-Marie Gaignard*
P5495. Extraterrestre. Le premier signe d'une vie intelligente *Avi Loeb*
P5496. Les Lois du capital, *Gérard Mordillat, Bertrand Rothé*

P5497. Gulbahar, rescapée de l'enfer du goulag chinois
Gulbahar Haitiwaji, Rozenn Morgat
P5498. Les Guerriers sans nom, *Jean-Christophe Notin*
P5499. La Pensée blanche, *Lilian Thuram*
P5500. La Familia grande, *Camille Kouchner*
P5501. Primo Levi ou la Tragédie d'un optimiste
Myriam Anissimov
P5502. Notre grammaire est sexy. Déclaration d'amour à la langue française, *Laure de Chantal, Xavier Mauduit*
P5503. De cendres et d'or. Une enquête du ranger Taylor Bridges
B. Michael Radburn
P5504. Un dernier ballon pour la route, *Benjamin Dierstein*
P5505. Laisse pas traîner ton fils, *Rachid Santaki*
P5506. La Dernière Tempête, *Ragnar Jónasson*
P5507. Un dîner chez Min, *Xiaolong Qiu*
P5508. Qui t'aime ainsi, *Edith Bruck*
P5509. Paris est une guerre, *Janet Flanner*
P5510. Le Fumoir, *Marius Jauffret*
P5511. Le Serment, *Thomas Lilti*
P5512. Petit Maître, *Natsumé Soseki*
P5513. Anne de Green Gables, *Lucy Maud Montgomery*
P5514. Anne d'Avonlea *[À paraître], Lucy Maud Montgomery*
P5515. Anne de Redmond *[À paraître], Lucy Maud Montgomery*
P5704. Le Corps des femmes. La bataille de l'intime
Camille Froidevaux-Metterie
P5705. Un appartement sur Uranus, *Paul B. Preciado*
P5706. Ces hommes qui m'expliquent la vie, *Rebecca Solnit*
P5707. Les Couilles sur la table, *Victoire Tuaillon*
P5708. La Crise de la masculinité. Autopsie d'un mythe tenace
P5709. Les Argonautes, *Deborah Levy*
P5800. Paris, Émile Zola, *Edwy Plenel*
P5801. Trois Contes, *Gustave Flaubert, Aurélia Michel*
P5802. Lettres persanes, *Montesquieu, Alain Supiot*
P5803. De l'Amour, *Stendhal, Geneviève Fraisse*
P5804. Historiettes romaines, *Stendhal, Patrick Boucheron*
P5805. Le Comte de Monte-Cristo – Tome 1
Alexandre Dumas, Vanessa Codaccioni
P5806. Le Comte de Monte-Cristo – Tome 2
Alexandre Dumas, Vanessa Codaccioni
P6000. Nu avec Picasso, *Enki Bilal*
P6001. Lartigue, la vie en couleurs, *Jacques Henri Lartigue, Martine D'Astier, Martine Ravache*
P6002. New York, aller et retour, *Raymond Depardon, Philippe Séclier*
P6500. Bal tragique à Windsor. Sa Majesté mène l'enquête – Tome 1, *S.J. Bennett*